The Cutting Edge of Cognitive Science

越境する認知科学 2

日本認知科学会 編

創造性はどこからくるか

潜在処理、外的資源、身体性から考える

阿部慶賀 著

共立出版

「越境する認知科学」編集委員会（＊は本巻担当編集委員）

鈴木宏昭　　青山学院大学教育人間科学部（編集代表）
植田一博　　東京大学大学院総合文化研究科
岡田浩之　　玉川大学工学部
岡部大介　　東京都市大学メディア情報学部
＊　小野哲雄　　北海道大学大学院情報科学研究院
高木光太郎　青山学院大学社会情報学部
田中章浩　　東京女子大学現代教養学部

「越境する認知科学」刊行にあたって

21世紀に入り，20年が経とうとしている。この間，認知科学は飛躍的な変化を遂げた。その結果，前世紀には存在しなかった，あるいはきわめてマイナーであった分野が，認知科学の表舞台どころか，中心に躍り出ることになった。

こうした分野の1つに「身体」がある。従来，身体は単に情報の入り口，認知の出口として捉えられてきた。しかしこの分野の展開により，身体は知性の重要なパートナーであることが明らかにされた。また「社会」，「環境」もそうだ。以前の認知科学は，個人の頭の中の働きを探る学問とされてきた。しかし，近年の研究は，社会と知性は二重らせんのように，よじれあいながら人を特徴づけていることを明らかにしてきた。そして「創造」，「創発」。あらかじめ決められたプログラムの実行としての認知ではなく，個と場との相互作用による創発，創造が認知の本質であることが示されつつある。

このような変化は，「越境」に支えられている。従来の研究領域，方法の境界を越え，他分野の研究者，そこでの知見との対話と協力が，認知科学を拡大，深化させてきた。越境先は，脳科学，ロボット科学，進化論，哲学，社会学，芸術，フィールドワークなどさまざまである。こうした次第でシリーズ名を「越境する認知科学」とした。

本シリーズの著者たちは，まさに越境を通して，新しい時代の認知科学を牽引してきた一線級の研究者ばかりである。野心的でありながらも，緻密な論理に貫かれた彼らの研究を通して，新時代の認知科学が明らかにした知性の姿を読者と共有できれば幸いである。

「越境する認知科学」編集委員会

はじめに

　本書で取り上げる話題は人間の「創造性」である。その狙いは，旧来の創造性観がとらわれてきた数々の固定観念や誤解からの脱却にある。例えば，創造性は「卓越した才能の持ち主や孤高の天才が，その才能で地道な努力を伴わず突然に発揮するもの」と思っている人も多いのではないだろうか。確かに創造性というと，何か神秘的な響きとともに，デザイナーやアーティスト，起業家，発明家などが持つ卓越した才能のようなものをイメージするかもしれない。しかし，近年の認知科学とその関連分野の研究の蓄積からは，そうした「神秘的」で「卓越した才能」という創造性像からは大きくかけ離れた創造性の正体が明らかになりつつある。少なくとも科学的研究の対象になっている時点で「神秘的」なものではないし，限られた「卓越した才能」の持ち主だけのものでもない。では創造性はどこから訪れるのか，その原動力はどこにあるのか，どうやって生み出されるのか，本書ではこれらの疑問に焦点を当てる。

　本書の流れとしては，第1章でこれまでの創造性をめぐる議論を概説する。今日の認知科学における創造性観が，神秘的なものから科学的なものへと移り変わる契機となった諸研究を紹介していきたい。それらの研究の中でも特に大きなインパクトを与えたのは，第2章で取り上げる潜在処理過程，いわゆる「無意識」の研究である。誰の心にも突発的に訪れる創造性の発露「ひらめき」は，何の前触れもなく誰かから送りこまれるものではない。本人すら自覚できない着実な進歩が潜在的に進んでいるため突然のように感じられる，というのが現在最有力と考えられている「ひらめき」の正

v

体である。しかし，これは「ひらめき」が突然生じたように感じられることの説明であり，創造性の一側面でしかない。また，「アイデアは誰かから送り込まれるものではない」とは述べたが，完全に一人の心の中で生まれてくるものでもない。創造性は一個人の才能といったものではないだけでなく，他者や環境の助けを受けて発露するものということも明らかになっている。第3章ではこうした創造性に関与する外的資源について触れ，第4章ではその中でも特に影響の大きい，他者との協同について取り上げる。創造的思考は自分でも自覚できない心の奥底たる潜在処理でも進む一方，環境や他者からの助けを受けながら展開していく。このとき，思考する私たちの心と環境の両者をつなぐのが第5章で取り上げる身体である。創造的思考は，腕を組んで座り込み，じっとして難しい顔をしながらするものではなく，むしろ，いろいろな場所で右往左往して，大げさな身振り手振りをしながら悩んでいるうちに進んでいくものである。

　旧来の創造性研究では，脳の様子や生み出されたアイデアそのものに目を向けがちで，こうした何気ない身体やその動作の関与は見落とされがちであった。しかし近年の身体性認知科学研究では，こうした身体動作やリアルタイムにその場で感じ取る感覚情報が私たちの判断や思考を左右する場面があることも報告されている。このことは創造性も例に漏れない。そうなると，私たち一人ひとりの身体の違いが，アイデアの着想の仕方をも左右する可能性がある。それだけでなく，同じ人間でも怪我や病気によって身体の状態が変わってしまうこともあれば，道具を身体の一部のように使ってさまざまな作業をこなすこともある。近年ではVR（バーチャルリアリティー）によってさまざまな身体になりきる体験もできるようになった。こうした身体のあり方が創造性に与える影響について，第6章で触れていく。

これらの各章で紹介する知見から，私たちの創造性は心の内外を問わず，さまざまな要因に支えられ，惹起されていることを伝えられれば幸いである。私たちの創造性は，傑出した誰かの心のどこかに局在するものではなく，ひろく私たちの心と環境，そしてその間をつなぐ身体に分散し，遍在するものだということが，筆者が最も伝えたいメッセージである。これについては終章で改めて詳述したい。

目　　次

第 1 章　ひらめきはどのように訪れるか ……………………… 1

1.1　創造性への誤解 ……………………………………………… 1

1.2　脱・伝記的アプローチ ……………………………………… 2

1.3　創造性を捉えるための実験課題 …………………………… 6

1.4　ひらめきはどのような人に訪れるか ……………………… 9

　1.4.1　ひらめきは連想を広げた先に待っている
　　　　　（活性拡散アプローチ） ………………………………… 11

　1.4.2　ひらめきは考え尽くそうとした人に訪れる
　　　　　（問題空間アプローチ） ………………………………… 12

　1.4.3　ひらめきは良いきっかけやヒントを得た人に訪れる
　　　　　（機会論的アプローチ） ………………………………… 16

　1.4.4　ひらめきは常識にとらわれない人に訪れる
　　　　　（制約論的アプローチ） ………………………………… 17

　1.4.5　ひらめきは存在しない
　　　　　（標準的問題解決アプローチ） ………………………… 26

1.5　創造性への誤解からの脱却 ………………………………… 29

第 2 章　ひらめきの訪れを予測できるか ……………………… 31

2.1　ひらめきやすさは予測できるか …………………………… 31

2.2　ひらめきやすい人とそうでない人はどう違うのか ……… 32

　2.2.1　認知的脱抑制と潜在抑制 ………………………………… 33

ix

2.2.2　才能に頼らずにひらめくには ……………………… 34

2.3　身体に表れるひらめきの前兆 ……………………… 38

2.4　ひらめきの過程は自覚できない ……………………… 45

2.4.1　妨害課題による意識的処理の抑制 ……………… 46

2.4.2　閾下情報提示による創造的問題解決への介入 ……… 50

2.5　創造的思考の突発性と漸進性 ……………………… 55

第3章　創造的思考を助ける外的資源と外化 ……………… 61

3.1　創造性を支える環境要因・外的資源 ………………… 61

3.1.1　作業環境の広さ ……………………………… 62

3.1.2　作業環境の乱雑さ …………………………… 64

3.1.3　作業環境の騒々しさ ………………………… 64

3.1.4　作業効率を左右するオブジェクト ……………… 66

3.1.5　開放的な環境の効果 ………………………… 69

3.2　創造的思考を助ける外化 …………………………… 71

3.3　外化としての言語化 ………………………………… 78

3.4　言語化は創造性の敵か味方か ……………………… 80

3.5　環境・外的資源に支えられた創造性 ………………… 83

第4章　外的資源としての他者 ………………………… 85

4.1　「三人寄れば文殊の知恵」は本当か ………………… 86

4.2　協同する他者は実在しなくてもよいか ……………… 89

4.2.1　「人の振り（だと思って）見て我が振り（見）直せ」

……………………………………………………… 90

4.2.2　「人の成績見て我が振り直せ」 …………………… 91

4.3　心の中で作られる他者 ……………………………… 92

4.4　創造性は一人で発揮できるか ……………………… 98

第5章　外的資源と創造性をつなぐ身体　‥‥‥‥‥‥‥‥　101

5.1　外的資源の利用とアフォーダンス　‥‥‥‥‥‥‥‥　102
5.2　心的処理に働きかける身体　‥‥‥‥‥‥‥‥‥‥　106
　5.2.1　知覚による影響　‥‥‥‥‥‥‥‥‥‥‥‥‥　107
　5.2.2　運動による影響　‥‥‥‥‥‥‥‥‥‥‥‥‥　109
5.3　創造的思考を助ける身体　‥‥‥‥‥‥‥‥‥‥‥　115
5.4　心と環境をつなぐ身体　‥‥‥‥‥‥‥‥‥‥‥‥　119

第6章　創造性と曖昧になっていく身体　　123

6.1　「私の身体」という感覚　‥‥‥‥‥‥‥‥‥‥‥　124
　6.1.1　拡張・投射される身体　‥‥‥‥‥‥‥‥‥‥　128
　6.1.2　ラバーハンド錯覚　‥‥‥‥‥‥‥‥‥‥‥‥　129
　6.1.3　ブレインマシンインタフェース　‥‥‥‥‥‥　130
　6.1.4　自己から離れていく身体，幻の身体　‥‥‥‥　131
　6.1.5　乗っ取られる身体　‥‥‥‥‥‥‥‥‥‥‥‥　132
6.2　自他を分ける身体　‥‥‥‥‥‥‥‥‥‥‥‥‥‥　133
　6.2.1　自分と他人を区別する手がかり　‥‥‥‥‥‥　133
　6.2.2　自分の中に他人を宿す人々　‥‥‥‥‥‥‥‥　135
6.3　身体が変わると思考も変わるか　‥‥‥‥‥‥‥‥　137
6.4　水槽の中の脳は創造的になれるか　‥‥‥‥‥‥‥　142

終　章　創造性はどこからくるか，どこにあるか　‥‥‥‥　145

参考文献　‥‥‥‥‥‥‥‥‥‥‥‥‥‥‥‥‥‥‥‥　149

索　引　‥‥‥‥‥‥‥‥‥‥‥‥‥‥‥‥‥‥‥‥‥　157

コラム①	神秘的アプローチをしてしまう私たち	3
コラム②	洞察問題とは何か	28
コラム③	「盲視」─目は見えていなくても見ている─	42
コラム④	思い込みの力	56
コラム⑤	ひらめきは夢の中でみつかるか？	58
コラム⑤	姿勢は知覚を変える	126
コラム⑥	脳をだまして身体を変える	140

第1章 ひらめきはどのように訪れるか

　本章では創造性（特にひらめきの現象）はどのように生じるのか，そのメカニズムをめぐる今日までの議論を紹介する。斬新なアイデアの着想やひらめきは，それ自体がまれなことであるため，科学的な研究対象として扱われるようになるまでには幾つかの誤解を受けることがあった。1.1 節では創造性やひらめきをめぐる誤解について取り上げる。1.2 節では創造的な人物やその人物の業績を手がかりに創造性の有り様を捉えようとする試みについて触れる。1.3 節では特定の人物によらず，広く人々の創造的思考を捉えるための代表的な実験手法や検査法について触れる。

　こうした研究方法の提案と発展を経て，つかみどころのない創造性やひらめきという現象が科学的な研究の対象となり，その発生プロセスが議論されてきた。1.4 節ではその中でも特にミステリアスであった，ひらめきという現象がどのように生じるか，という議論を紹介する。これらの議論を概観した上で，1.5 節では創造性に向けられた誤解に対して，今日の認知科学ではどのような回答が提示されるのかについて取り上げる。

1.1　創造性への誤解

　今日の認知科学では創造性研究も一つのテーマとして認められているものの，その始まりは「神秘的なもの」という印象を伴うもの

で，科学的な研究の対象としては見られない時期もあった。この段階での創造性研究は「神秘的アプローチ」と呼ばれる。創造性がこうした扱いを受けていたことの一つの原因は，その予測と再現の困難さにある。科学的なアプローチで創造性にメスを入れようにも，創造性がいつ私たちの前に現れるのかわからないし，現れたものが本当に創造性なのかも確かではない（これは今日の創造性研究も抱える問題でもある）。そうした状況を受け入れるには，創造性を人知の及ばない神秘的な「天の啓示」や「神託」のようなものとみなすしかなかったのだろう。創造性に限らず，人は自力での科学的な説明が困難なとき，つい「何者かの見えざる力」のせいにしてしまうところがある。例えば，子どもは大事にしているぬいぐるみに心や魂が宿っていると考えることがある。自然現象や人工物などに意図や意思を見出そうとしてしまう「アニミズム（汎心性）」は，小さい子どもによく見られる行動だ（Piaget, 1962）。

　創造性研究がこうした非科学的な「神の御心」に頼らず，科学的な研究対象として出発する契機となったのは，安定して卓越した成果を生み出し続ける才人の様子を観察することだった。大きな成果を挙げた科学者や発明家のラボを観察する，著名な作品を生み出した創作者の来歴や過去の作品の経緯を辿っていく，などの方法からは，創造的な人物の特徴や，創造性が発揮される状況に関わるさまざまな手がかりが手に入る。これは「伝記的アプローチ」と呼ばれる方法で，今日でも創造性研究の手段として利用されているものでもある。

1.2　脱・伝記的アプローチ

　安定して創造性を発揮し続ける人物を追う方法から得られる創造性の手がかりは，それ自体示唆深いものではある。しかし，科学的研究として創造性を考える上では，一般化の可能性と客観性が求め

コラム①：神秘的アプローチをしてしまう私たち

「幽霊の正体見たり枯れ尾花」ということわざがある。枯れ尾花とは枯れたススキの穂のことで，幽霊だと思っていたものは実はただの枯れたススキだったという話である。このことわざは，偏見や思い込みを持って物事を見ると，なんでもないものでも恐ろしいものに見えてしまうという意味で用いられる。このことわざは私たちの持つ，ある意味では創造的な側面を指摘した言葉でもある。

私たちの中にはいわゆる「超常現象」を本気で信じ込む人たちが少なからずいる。「金縛り」や「オーラ」「心霊」といった類いの，いわゆるオカルトの話題が好きな人もいる。「オーラ」と呼ばれるものが身体から発されているのか，「霊」や「魂」が実際に存在するのかどうかはさておき，私たちがそのような現象を感じ取ってしまうことにはいくらか心理学的・神経科学的な説明ができるものもある。

読者の中には就寝中に金縛りを体験したことがある人もいるかもしれない。この現象は霊の仕業や何者かの念力というわけではなく，私たちが穏やかに眠るために必要な神経の働きが上手くいかなかった場合に起きる。私たちは眠っている間も脳から身体を動かす指令が出ている場合がある。例えば，夢の中で何かに追われて必死に逃げるシーンに出くわしたとき，脳からは逃げるための動作に必要な指令が身体に向けて発される。しかし，それでも私たちが布団の中で派手に暴れ出すことはほとんどない。それは脳から身体動作を抑制する指令も出ているからである。この指令のおかげで，夢で見た運動経験は夢の中だけの出来事にとどめることができる。しかし，この抑制する指令がうまく働かず，寝ながらにして体が動いてしまう場合があ

る。これはレム睡眠行動障害と呼ばれる状態である。逆に，目覚めているのに脳から身体動作を抑制する信号も出続けてしまう場合もある。これこそが寝ているときに体験する「金縛り」である。

　また，テレビ番組などでも「他人のオーラが見える」という人が占いや性格診断などをする場面を見かけることがある。こうした「オーラが見える」という現象は，共感覚者と呼ばれる人が経験していることと同じかもしれない。共感覚とは，通常なら結びつかない複数の感覚が強く結びついてしまい，一方の感覚刺激から別の感覚刺激までもが共起してしまう現象である（Cytowic, 1993 に詳しい）。

　例えば，目で色を知覚するとそこから匂いを感じ取ってしまったり，逆に匂いに色がついて見えたり，絵から音が聞こえてくるという人もいる。画家のカンディンスキー（1866〜1944年）は色から音が聞こえるタイプの共感覚者だったといわれている。単純な色だけでなく，文字や顔のようなパターンを持った視覚刺激でも共感覚が生じる例もある。数字に対して色が付与して見えてしまう人もいるし，二人組コメディアン「ドランクドラゴン」の塚地武雅氏は，人の顔から色が浮かんでくるという。人の顔によってさまざまな色が付与されて見えるのならば，それがオーラのように思えてしまうことは十分考えられるだろう。こういった共感覚は，脳の感覚を司る領域での情報処理の混線によって生じるという説が有力である。

　「守護霊」，「幽体離脱」のようないわゆる「心霊現象」もまた，脳と心がしでかしたいたずらである可能性が高い。てんかん治療の手術のために，左の頭頂葉と側頭葉の接合部に電気刺激を与えたところ，誰もいないはずなのに突然自分のすぐ傍に

人の気配を感じたという患者の報告がある。また，右角回に電気刺激を与えると自分の魂が身体から抜け出して上から見下ろしているかのような感覚を得たという報告もある。いもしない人の気配を感じることや，自分の体が離れていってしまうかのような感覚は，脳への電気刺激によって自分の身体が自分のものだと正しく認識できなかったことから生じる。

　ここで紹介した幾つかの現象は，脳と心の働きが起こしたものとして説明が可能である。そうした予備知識がない人は，自分の身に起きたことをひとまず自分で納得するために，脳の働きではなく霊や神などの神秘的で「なんでもあり」な存在を持ち出してしまうのかもしれない。しかし，こうした振る舞いを一言で愚かだと片付けてしまうのは早計だろう。自分の身に起きたことへの説明をただ諦めてしまうのではなく，なんとかつじつまを合わせようと，本来意味や意図など何も込められていないところに，意図や意味を見いだしてしまうのはある意味人間の創造的な側面ともいえる。

られる。私たちが関心を寄せるのは，ある特定の人物の創造性のあり方ではなく，「人間一般がどこで，どのようにして創造性を発揮するのか」という問いへの回答だろう。特定の人物・事例に依存しない創造性のあり方を検討するにあたっては，まとまったデータに基づいた検討が必要になる。

　心理学や脳科学といった認知科学との関わりのある研究分野では，実験的検討によって今日まで知見を積み上げ，事例固有ではない創造性の姿を浮き彫りにしてきた。その中でも，特定の人物の特殊な才能としてではない，人間一般の心的性質として創造性を捉えようとする手段としては，心理学の手法が有用だろう。心理学では大別して質問紙（いわゆる心理テスト）による調査や，心理学実

1.2　脱・伝記的アプローチ　｜　5

験，観察・面接法などによる分析手段が取られる。先に述べた伝記的なアプローチの中には観察・面接法も用いられている。しかし，観察・面接法は一人の分析に膨大な時間と労力を要するため，広範囲の人々を対象としたデータ収集と分析よりも，特殊な事例や傑出した人物を追跡する調査に適している。

1.3　創造性を捉えるための実験課題

　観察・面接法に対して，人間一般の創造性の姿を捉えることを目指すような，大規模な調査を行いたいという場合には，質問紙法による調査が用いられる。心理学では創造性の程度を測定する心理テスト・質問紙の開発や実験課題が数多く提案されてきた。その典型的な例としては Unusual Uses Test（UUT）と呼ばれるアイデア生成課題が挙げられる。この課題は，実験参加者にブロックやレンガなどの道具の使い方を提案するという問いを課し，提案されたアイデアの数や質をみて創造性を測るというものである。

　また，Torrance（1974）による TTCT（Torrance Tests of Creative Thinking）では，問題提起や疑問の発見，改善案の提案など，さまざまなアイデア生成場面を想定した質問を課すことで創造性を捉えようと試みている。また，Ward（1991）は「別の惑星に住む未知の生物」の姿や生態を想像し，描画と説明を加えるといった課題を用いてアイデアの生成傾向を捉えるといった手法を用いた。Ward はこれを「事例生成パラダイム」と称した。これに限らず，心理学では古くから現在に至るまで，アイデアを生成させる課題を通して創造性を量的・質的の両面から捉えようとする手法が使われ続けてきた。創造性研究ではこうしたアイデアの生成を課すタイプの課題と，あらかじめ解が一義に定義される課題を区別して扱っている。

　認知科学における創造性研究では，これらのいずれの場合におい

6　｜　第 1 章　ひらめきはどのように訪れるか

ても，問題解決の過程は，望ましい答えになるアイデアを探す探索過程として捉えられる。創造性研究の詳細に入る前に，この考え方に触れておきたい。

　私たちが問題を解くときには，問題に取り組み始める前の状態から始まり，望ましい状態になるように状態を変えようとする。例えば三目並べ（いわゆる○×ゲーム）で考えると，何も書き入れられていない3×3のマス目の状態から始まり（これを「初期状態」と呼ぶ），対戦相手と交互にマス目に自軍のマークを書き入れていく。こうした状態を変えていく「手」を「オペレータ」と呼ぶ。三目並べでは対戦相手より先に自軍のマークを縦・横・斜めに並べた方が勝ちとなる。プレイヤーはオペレータを選んで勝利条件を満たした状態（これを「目標状態」と呼ぶ）を目指す。プレイヤーは目標状態に至るまでに何度もオペレータを選択して状態を変えていくわけだが，こうした取りうる状態すべてをまとめて，認知科学では「問題空間」あるいは「状態空間」と呼んでいる。認知科学において問題解決とは，問題の「問題空間」を初期状態から出発し，「目標状態」に向けて探索していく，迷路や探し物のようなイメージで捉えられる。

　ここでは例として三目並べを挙げたが，問題解決とはこうしたパズルのようなものばかりに限らない。私たちが日常で取り組む問題にはもっと曖昧さを含むものもある。良いアイデアを出す，発明品を考える，といったような創造的問題解決では特に，目標状態が一つに決まっていない場合もあれば，そもそも目標状態が予め明確にわかっていない場合もある。

　先に挙げた UUT や Ward の事例生成パラダイムに代表される創造性課題は，テーマやお題を提示して無数にアイデアを提案させるもので，そこでは単一の「正解」が定義されないことがほとんどである。言い換えれば，回答者の数だけ答えが異なり，また同じ回答

者でも無数に答えを作り出すことができるものであった。しかし，このようなアイデア生成型の課題には，評価の客観性という難点が伴う。何をもって創造的なアイデアとみなすのか，どのような回答パターンを示した人が創造的といえるのかを定義することは難しい。そのため代表的な評価の手段としては，専門性と鑑識眼のある第三者によって有用性や新奇性の評価を仰ぐといったものや，アイデア生成数，生成されたアイデアの多用性（異なり数）を数値化するといった手段が用いられる。

　また，創造性研究では「どうしてなかなか良いアイデアが見つからないのか」という「つまずき」の原因も大きな関心事となっている。こうした「つまずき」に着目する場合には，生成された結果としてのアイデアだけでなく，そこに至るまでの誤りや行き詰まりの様子も手がかりになる。こうした解に至る過程を捉える場合には，正解が決められていない課題よりも，最適解が決められている課題の方が，誤りや行き詰まりが定義しやすく有用であろう。創造性研究では，いわゆる「ひらめき」として知られる「アハ体験」（次節で詳述）を扱う場合もあり，そういった研究は洞察問題解決研究として続けられている。洞察問題解決研究では多くの場合，最適解や正解が定義できるパズルや問題が用いられる。こうしたタイプの創造性課題には図形パズルのようなものから文章題まで多種用いられているが，代表的な例に 9 点問題（Wickelgren, 1974）が挙げられる。

　この問題は，図 1.1 のような配置で描かれた 9 つの点に対し，すべての点をもれなく通過するように一筆書きするというものである。ただし，一筆書きをする際，「線を曲げてよいのは 3 回以内」というルールも守らなければならない。読者の皆さんも，もし初見であれば，ひとまずこの後に記述する答えを見る前に挑戦してほしい（目標状態は別ページに記載する）。一見するとルールも少なくシンプルな問題のため，難易度は低いように思われたのではないだろう

図 1.1　9 点問題

か？ ところが初見で一度も誤りや書き直しをせずに正解に至ることは存外に難しい。苦戦する人の典型的な回答パターンとしては，9 つの点で作られる正方形のエリア内で線を引くことにこだわるというものである。しかしながら，正解するには 9 つの点で作られる正方形のエリアから大きくはみでた線を引く必要がある。創造性研究ではこの正解に至るまでに，どのような失敗と試行錯誤を経験して正解の気づきを得るのかを追跡・集計することも行われている。

1.4　ひらめきはどのような人に訪れるか

前節では，誰もが発揮しうる創造性を捉える手段として，アイデア生成のような事前に解が定義されない課題と，解が一義に定義される課題という二つのタイプの実験課題が用いられることを述べた。特に後者は失敗や試行錯誤などの過程を捉えやすいため，いわゆるひらめきの現象を扱う上でも多用されている。このひらめきにあたる洞察現象は，心理学や認知科学においては大別して以下の 4 段階のプロセスを経るとされている（Ohlsson, 1992）。

(1)　初期の試行錯誤（impasse）
(2)　あたため（incubation）
(3)　ひらめき（illumination）
(4)　検証（validation）

「(1)初期の試行錯誤」とは，文字どおり問題解決開始の当初に思いついた解決方法を試みるが，なかなか解決に至らず，失敗とリトライを繰り返す状態を指す。「(2)あたため」は，初期の試行錯誤が長期間続いた場合などに，気晴らしや並行する別の作業との兼ね合いなどで，問題解決を一時中断して問題解決から離れることである。このあたための時期は特に個人差が大きく，ほとんどこの段階を経ずに次に述べる「ひらめき」に至る人もいれば，長期にわたって問題解決から離れていた後に突如「ひらめき」に至るという人もいる。「(3)ひらめき」はこれまでに着想しなかった新しい解法やアイデアが，驚きの感情を伴って突発的に浮かび上がるという段階である。この体験は「アハ（AHA）体験」という名前でも知られている。「(4)検証」の段階はひらめきで着想した解決法を実行して解に至るまでの過程を指す。

創造性研究，とりわけ洞察の過程の解明において議論が重ねられてきたのは，「初期の試行錯誤がなぜ生じるのか」という問いと，「なぜ（あるいはどうやって）突然ひらめくことができるのか」という問いに対してであった。認知科学では心理学実験はもとより，心理学実験実施中の脳活動や眼球運動などのさまざまな指標から，創造性のメカニズムを探る動きと仮説が現れた。認知科学におけるこれまでの創造性や洞察問題解決の議論では，創造性の正体について以下のような仮説が唱えられてきた。読者の皆さんはどの説を支持するだろうか？

創造性やひらめきは・・・

（連　想　説）　連想を広げた先に待っている。

（網　羅　説）　答えを考え尽くそうとした人に訪れる。

（良　縁　説）　良いきっかけやヒントを得た人に訪れる。

（脱常識説）　常識にとらわれない人に訪れる。

（不　在　説）　存在しない。ひらめきの体験は幻覚にすぎない。

表現は少し乱暴にしているが，これらはいずれも創造性研究の中で
かつて唱えられてきた説である（各説の名称は説明のために著者が
便宜的に付けた）。これらの説はいずれも明らかに間違っていると
も完全な説ともいえないが，今日の認知科学における創造性研究に
影響を与えてきたものである。次節ではそれぞれの説について概説
し，多角的に創造性の特徴を示していくことにする。

1.4.1　ひらめきは連想を広げた先に待っている　　（活性拡散アプローチ）

最初に挙げた「連想説」は一言でいえば，ひらめきはアイデアの
連想を続けていればいずれ良いアイデアや正解に遭遇する，という
もので「活性拡散アプローチ」と呼ばれる。この「活性」とは，記
憶が活性化することを指している。記憶の活性化が，他の連想でつ
ながった関連知識へと拡散し広がることで，解決につながる情報や
解決法そのものの着想に至るというのである（Ohlsson, 1992）。一
方，このアプローチに従って最初の段階でなかなかひらめくことが
できない原因を説明するならば，問題に直面したときに，解決から
程遠い不適切な記憶を活性化させてしまったから，ということにな
る。

このアプローチには問題点がある。もしこのアプローチが正しい
とすると，最初に解決に直結するような情報やヒントを与えれば，
そうでない場合よりも劇的に早く正解に至ってもよいはずである。
しかし，実際にはヒントをもらったからといって即座にひらめく
ことができるわけではなく，ヒントをヒントとして理解すること
ができないこともある。例えば，先に紹介した9点問題において，
解決の鍵となる「9点で作られる正方形のエリアの外まで線を伸ば
す」というヒントを事前に与えても，誤った試行を積み重ねてしま
うという結果も報告されている（Weisberg & Alba, 1981）。どう

やら，ひらめきは単にうまく有効な情報を連想できれば叶うという問題ではないようである。

　しかしながら，この「活性拡散アプローチ」で唱える，手がかりからさまざまな関連情報へ活性が広がり連想しやすくなるという説明は，今日の創造性観に大きな影響を与えている。後述するが，些細な手がかりが，本人の自覚の有無によらず広範囲の連想を助け，アイデアの発見を助けること自体はさまざまな実験から支持されている。先に述べた洞察現象の4段階には「あたため」と呼ばれる段階が含まれていたが，このあたための段階で問題の解決に取り組んでいない間も関連情報の活性が広がっていると考えると，一見無意味そうに見えるあたための時期も，ひらめきにつながるプロセスとしての意味があるとも考えられる。

1.4.2　ひらめきは考え尽くそうとした人に訪れる
　　　　（問題空間アプローチ）

　次に「網羅説」として示した，「答えを考え尽くそうとした人のもとに訪れる」という考え方は，「問題空間アプローチ」と呼ばれる。創造的問題解決研究では，その解決過程を問題に応じた問題空間の中から正解や良いアイデアを探索するものとして考える。この問題空間アプローチでは，私たちがなかなかひらめくことができない原因を，問題空間そのものの誤りとして考える。私たちは通常，問題として最初に得た情報や説明から回答の候補，あるいはその途中段階の状態である問題空間を作り上げ，その中から最適な解を探そうとする。しかし，この作り上げた問題空間が必ずしも適切なものとは限らず，正解を含んでいないものになる可能性があるというのである。

　このアプローチをとった代表的な研究として，Kaplan & Simon（1990）では，チェッカーボード問題と呼ばれる問題を用いた検討

12　│　第1章　ひらめきはどのように訪れるか

図 1.2 チェッカーボード問題

が行われた．この問題では，まず 8×8 のマス目で区切られた正方形が提示される．このマス目は隣同士が異なる色になるよう2色に塗り分けられており，題名のとおりチェッカー模様（市松模様）になっている．また，チェッカーボードは四隅のうち，対角をなす2箇所のマス目が欠けている．このような状態のチェッカーボードがあるとして，図 1.2 の左下にあるような，2マス分の大きさのドミノを，盤面に過不足なくぴったり敷き詰めることができるだろうか．そしてできるにせよ，できないにせよ，その理由も説明できるだろうか．ドミノは多数用いても良く，縦向きでも横向きでも配置できる（ただし，ドミノの側面を使って立てて使うなどはしてはならない）．

おそらく読者の皆さんも初見ならば，まずドミノで盤面を埋めることを試みるだろう．Kaplan らの実験でも多くの参加者がその方法を試みた．しかし，このマス目の中で配置できるドミノの並べ方はおよそ 75 万通りもあり，これらの可能性をすべてしらみつぶしに試すということは人間ではほぼ不可能だ．

1.4 ひらめきはどのような人に訪れるか | 13

では，実際の解はどうなるのかというと，結論は「覆い尽くすことはできない」のである。その理由を理解してもらうには，ドミノが２マスを覆うサイズであることと，チェッカーボードの盤面の２色それぞれのマス目の数を考える必要がある。チェッカーボードは隣り合う２マスは必ず違う色のマスになる。よって，１枚のドミノは２色のペアをなす２マスをカバーすることになる。そして四隅のうち一組の対角をなす２箇所のマスは，同じ色のマス目になる。つまり，２色のマス目は同数ではなく，２マス分の差がある。すべてのマスを２マス分の大きさのドミノで過不足なく盤面を埋め尽くすならば，２色のマス目は同数でなくてはならず，この問題の盤面は絶対に埋め尽くすことができないのである。

　この説明が無味乾燥すぎてわかりにくいという人は，チェッカーボードのことを一旦忘れて，２色のマス目を男女に置き換え，「ドミノで覆うこと」を男女のペアを作ることとして読み替えてみるとよいだろう。男女のペアを人数が余ることなく作るには男女の数が同数必要だが，男性（または女性）が２名足りないため，必ず余りができてしまうのである。

　このチェッカーボード問題の鍵は，盤面を覆い尽くせると仮定して覆い方を検討するという誤った問題の捉え方を改め，２色のマス目のペアが余剰なく作れるかどうかを検討するという問題の捉え方に切り替えるところにある。問題空間アプローチの立場からは，初期の試行錯誤はそもそも目標状態を含んでいない誤った問題空間を探索してしまっているために起きるということになる。そして，ひらめきは，不適切な問題空間を脱し，目標状態を含んだ適切な問題空間に移動してから生じるものとされる。この不適切な問題空間からの脱出は，初期の誤った問題空間での探索が失敗したと判断されることで生じる。

　しかし，この考え方には幾つかの問題がある。まず，不適切な問

題空間での探索が失敗に終わると，別の問題空間への移行が試みられるという点である。例に挙げたチェッカーボード問題では，ドミノの埋め方のパターンを検討するという誤った方針を改めないと解決が困難であるが，先にも述べたとおり，そのバリエーションは75万通りと膨大であり，解決者がこれらをすべて検討して誤った問題空間であることを確認していたとはとても思えない。これほどまでに巨大な問題空間ともなると，試行済みの手も覚えきれないだろうし，そもそも探索し尽くすこと自体に無理がある。また，完全に調べ尽くすまではしないまでも，ある程度のところで探索を打ち切るとしても，その打ち切りの判断がどのように行われるのかは説明できない。

　もう一つの問題は不適切な問題空間から脱したからといって，必ずしも次に適切な問題空間が見つかるとは限らないということである。そもそも問題空間自体が無数に存在しうるとすれば適切な問題空間自体を探すことが極めて難しい。「適切な問題空間」の探索を必要とするならば，問題空間そのものの探索がどうしてうまくいかないのか，どうすればうまくいくのか，という議論になり，話が振り出しに戻ってしまう。

　また，この立場においても，活性拡散アプローチと同じく，最初からヒントが与えられていたにもかかわらず正解に到達できない人や，一度正解に近づいたのに試行錯誤に逆戻りしてしまう現象を説明することが難しい。このアプローチに従えば，ヒントが与えられれば最初から適切な問題空間に移動した状態から解の探索が始まり，ほぼ確実に早期に解決できるはずである。また，一度正解に近い試行が行われたのであれば，それはすなわち適切な問題空間への移行ができたことを示唆する。そこからわざわざ誤った問題空間に戻るようなことはないはずである。しかし，この立場をとるKaplan & Simon（1990）は，正解に直結する情報を含む発言をし

ていながら，そこから解決に至るまでおよそ 20 分もの時間を要し
た解決者もいることを報告している。

このように問題点を指摘できる問題空間アプローチではあるが，
この考え方にも今日の創造性研究に大きな影響を与えた点がある。
それは，初期の試行錯誤に積極的な意味を持たせたことだ。問題空
間アプローチにとって初期の試行錯誤はまったく無駄な行為という
わけではなく，新たな問題空間への移動をする上で事前に経験する
必要のあるものとして捉えられている。

1.4.3 ひらめきは良いきっかけやヒントを得た人に訪れる
（機会論的アプローチ）

先に述べた「問題空間アプローチ」は，一言でいえばアイデアを
探し尽くそうとした先にひらめきの契機が訪れるというものであっ
た。しかし，実際に調べ尽くすことは現実的に無理であることや，
ひらめきの契機についての説明が難しいという問題点を有してい
る。

これに対し，先に「良縁説」として挙げた考え方は，試行錯誤に
よる失敗の積み重ねを重要視しつつ，外部からひらめきの契機とな
る情報が与えられることも必要だと考える立場である。これは「機
会論的アプローチ」と呼ばれ，この立場をとる Seifert & Patalano
（2001）は，初期の試行錯誤の経験が，長期間記憶としてとどまる
と仮定している。この失敗経験の記憶を「failure index」と呼ぶ。
創造的問題解決時には，この failure index が蓄積されていく一方
で，偶然に問題の解決に役立つような手がかり情報に遭遇すること
がある。この手がかり情報の遭遇をきっかけに，failure index から
試行錯誤で行き詰まっていた問題状況が思い出され，解決方法と手
がかりが結びつき，答えがひらめくというのである。

この考え方ならば，これまでに紹介したアプローチで指摘され

る，最初から有用な情報を与えられたにもかかわらず試行錯誤をしてしまうという現象も説明がつく。十分な failure index が蓄えられていなければ，有用な情報を目にしても，その情報の有用性に気づけないのである。この考え方もまた，初期の試行錯誤を無駄なものではなく，むしろひらめきの準備段階として意味のある過程として捉えている。

しかし，この機会論的アプローチの立場は問題空間アプローチとは逆に，他者頼りに過ぎる点が問題となる。創作活動を行う作家などには，外部との情報や他者との接触が極めて少ないにもかかわらず大作を作り上げる人もいる。また，先に挙げた9点問題などのパズルを用いた実験では，外部からの情報や補助を極力遮断した状況で行われるのが一般的であり，機会論的アプローチで期待されるような手がかりの偶発的遭遇は起きにくい状況で問題解決が行われる。しかし，そうした状況下でも少なくない数の実験参加者が解をひらめいている。このことは問題点であると同時に，一つの大きな示唆も含んでいる。それは，創造性が個人の認知処理で閉じた「孤高の才能」といったものではなく，時には気晴らしの思いがけない刺激や他者との協同を通してひらめきの契機を得ることもあるということである。

1.4.4　ひらめきは常識にとらわれない人に訪れる
　　　（制約論的アプローチ）

次に挙げる脱常識説では，私たちがすぐにひらめくことができない，良いアイデアを着想できない理由として「制約」と呼ばれる要因があると仮定する。ゆえに「制約論的アプローチ」と呼ばれるが，ここでいう制約とは，かいつまんで言えば私たちにとっての常識にあたるものである。例えば，私たちは日常の中でもさまざまな問題に取り組みながら日々を過ごしているが，そこでは利用できる

1.4　ひらめきはどのような人に訪れるか　｜　17

情報や検討すべき答え，留意すべき事項などの候補が無数にある。

　例えば，銀行ATMに行って振り込みするという何気ない行為であっても，どこにあるATMを利用するべきか，どのタイミングでおろせば手数料を抑えられるか，振り込み可能金額の上限を超えていないか，といった基本的な確認事項もあれば，送金相手が詐欺師ではないか，ATMにスキミング装置が取り付けられてはいないか，テンキーについた指紋から後で暗証番号を割り出されたりしないか，といった特殊な（しかし，深刻な）懸念事項もある。しかし私たちの多くは，あまりに特殊な出来事の可能性までをわざわざ意識して吟味することはないだろう。

　このように「普段なら常識的にわざわざ意識して考えるまでもないこと」が意識に上ってこないよう抑制し，集中して考えるべきことのみに情報を絞りこむというフィルター的役割を果たすのが制約である。このことは問題解決だけでなく，子どもが母親からの声がけから言葉を学ぶ際にも役に立っている。例えば，母親が「これがマグカップだよ」と言ってマグカップのつまみ部分を持って提示したとする。そのとき子どもは母親が言う「これ」について，つまみ部分だけのことを指しているのか，持っているもの全体を指しているのか悩むことはほとんどない。これは認知発達の研究では「事物全体制約」と呼ばれる制約として知られるもので，提示された物全体のことを指して「これ」と呼ぶ以外の可能性が制約によって排除されているのである。

　もう一つデモンストレーションしてみよう。今この場で三角形を一つ思い浮かべて，描いてみてほしい。どのような三角形を描いただろうか。おそらくは，正三角形や二等辺三角形，あるいは三角定規のような辺の長さが3：4：5の直角三角形などが多いのではないだろうか。また，最長の辺が水平になるように描いた人も多いのではないだろうか。今述べたような三角形が絶対の正解というわけ

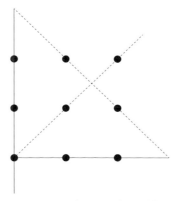

図 1.3　9 点問題の正解の一例

ではない。辺の長さがバラバラだろうと，どのような向きの三角形を描こうとも指示には反していない。しかし，私たちはそういった描画可能なさまざまな三角形について思案することもなく，正三角形や二等辺三角形を描いてしまう。これは，どのような辺や角の大きさの三角形を描くのかという，わざわざ考えるほどでもないことを考えずに済ませてくれる制約のなすわざなのである。

　このように制約は本来，私たちが余計なことに頭を悩ませることがないよう有効に働くものであるはずだが，創造的な問題解決過程ではこれがひらめきを阻む要因となりうる。先に取り上げた 9 点問題では，「9 つの点からなる正方形の外まで線を引く」という行為（図 1.3）が解決の鍵となるわけだが，多くの解決者が最初は 9 点の外に線を引こうとしない。これを制約論的アプローチから説明するならば，9 点の外まで線を引くという解き方が，制約によって念頭に上がらないよう抑制してしまったから，ということになる。9 点問題のように私たちの意表をつくような意外性の高い解法が求められる問題では，普段は思考を簡素にしてくれる制約が逆に正解

1.4　ひらめきはどのような人に訪れるか

への手がかりを隠してしまうというわけだ。

　また，制約は単なる有無が決められているのではなく，その影響力の程度（制約強度）がある。制約強度はいわば問題に対する思い込みや偏見の強さであり，これが強すぎれば視野が狭小になり，大事な情報を見落としてしまう。逆に弱すぎれば無関係な情報にまで気を取られてしまい問題解決に時間がかかってしまう。強すぎず弱すぎずの強度に調整することが問題解決の鍵となる。

　では私たちは創造的な問題解決に取り組むとき，このような制約をどのように対処しているのだろうか。どのようにして制約からの抑制を克服して解の発見に至るのだろうか。それは，制約の強さを問題に応じて緩和，調整していくということになる。制約論的アプローチをとる Knoblich らは制約にはスコープ（範囲）があり，それが制約強度と関係すると仮定している。スコープの広い制約は問題中の多くの情報に影響するもので，そういった制約は強度が高く調整されにくい。スコープの狭い制約は問題中のごく一部の些末な情報に関連するもので，制約強度の調整が行われやすい。このことを示すために knoblich らはマッチ棒代数問題という課題を使った実験を行っている。

　マッチ棒代数問題とは，マッチ棒を使ってローマ数字で表示された数式が提示され，この数式が等式として成立するように決められた回数でマッチ棒を動かす問題である。以下の例題をみてほしい。

(a)　Ⅵ ＝ Ⅶ ＋ Ⅰ

(b)　Ⅲ ＝ Ⅲ ＋ Ⅲ

問 (a) は右辺のⅦから一本棒を左辺へ移動することで解となる。一方，問 (b) は和演算子（＋）を等号（＝）に変えることが必要になる。問 (a) に比べて問 (b) は少し難易度が高いとされる。Knoblich によればマッチ棒代数問題には数値制約（問題中の数字に対する制約），演算子制約（四則演算記号に対する制約），等号制約（等号に

図 1.4 T パズル（問題）

対する制約）の 3 種類の制約があるとしており，数値制約は最も緩和しやすく，次いで演算子制約，等号制約の順に緩和しやすいとしている。普段の計算の中でも，数式の中で数値を変えることや操作することは多々あるが，演算子が等号に変わるという操作はまずしないだろう。このように問題中の要素に関わる制約にも，強度の調整がしやすいものとそうでないものがある。

こうした制約の強度の調整について有望な説明を加えた理論として，制約の動的緩和理論（開・鈴木, 1998）がある。この理論では，制約の強度は失敗経験を積み重ねていくうちに調整されていくとしている。さらにこの理論では問題ごとに個別の制約があると仮定するのではなく，問題一般に共通して見られる三つの制約の分類を設けている。その三つとは，(1) 対象レベルの制約，(2) 関係レベルの制約，(3) ゴールの制約である。

これらの制約を説明するには，開・鈴木（1998）が題材として用いた図形パズル「T パズル」を紹介するのがよいだろう。T パズルは図 1.4 に示す四つのピースを T 字のイメージになるよう配置するというシンプルな課題である。しかし，この問題を初見で解決しようとする実験参加者の多くは 5 分以上かかり，長いと 30 分かかっても解決できないという場合もある。この問題の解決の鍵は，いびつな形をした五角形のピースの使い方にある。図 1.5 に

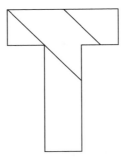

図 1.5 T パズル（解答）

示すとおり，目標状態は五角形のピースを斜めに配置し，このピースを中心に残りのピースを接続する必要がある．動的緩和理論によれば，この解決法に気づきにくい原因として，先に挙げる三つの制約が関わっているという．

対象レベルの制約は，問題中に登場する事物の捉え方に関わる．Tパズルの場合なら，問題中の四つのピースをどのように捉えるか，どのような向きに置くかに関わる．例えば，このパズルには三角形や長方形のピースが含まれているが，こうしたピースに対しては最長辺が水平や垂直になるような置き方が選ばれやすい．また，五角形のピースを「T字の縦棒または横棒になるもの」として捉えてしまい，このピースを縦向きや横向きに置こうとしてしまう．正解はそのいずれでもなく，正解するにはこのピースを斜めに配置するものとして捉え直す必要がある．

もう一つ，図 1.6 に示す「ろうそく問題」を例に挙げよう．この箱入りの画鋲とろうそく，マッチを使って，壁にろうそくを取り付けて明かりを灯すにはどうすればよいかを考える問題である．この問題では初見の解決者の多くがまず画鋲でろうそくを壁に止めるなど，ろうそくを直接壁に取り付ける方法を模索する．しかし，模範的な回答としては，まず画鋲を箱からすべて出し，空箱を画鋲

図 1.6 ろうそく問題

で壁に留め，足場となった空箱にろうそくを載せるという方法である（図 1.7）。この方法の着想の鍵は画鋲の箱を使うことであり，画鋲の箱を，画鋲をしまう「容器」としてではなく，ろうそくを載せる「足場」と捉え直すことが求められる。こうした箱の捉え方の転換に苦労するのは対象の制約によるものである。

関係レベルの制約は，対象と対象の間の関係をどう捉えるかに影響する制約である。例えば T パズルの場合なら，ピースとピースをどのように組み合わせるかという点に関わる。

問題中にはさまざまなオブジェクト（物や情報）が登場するが，それらの間をどう結びつけて利用するか，その取りうる組み合わせは，オブジェクトの数が増えれば爆発的に増えてしまう。こうした難点に対しても私たちは制約を用いて有用なもののみに着眼するよう絞りこみを行っている。先のろうそく問題ならば，「画鋲の箱」と「画鋲」は「入れる・入れられる」という関係で結びつける人がほとんどだろう。しかし，画鋲に対して画鋲の箱で上から覆い隠したり，画鋲の箱を画鋲で穴を空けるといった関係で結びつけることだって考えられる。ろうそく問題では「画鋲の箱」を「ろうそく」

図 1.7 ろうそく問題の解

に対して,「載る・載せる」という関係で結びつけることが求められるのである。

　ゴールの制約は, 目標状態のイメージや定義・基準にあたるもので, 現在状態と目標状態との間の隔たりを把握することに関わる。これについてはTパズルを例に述べる。Tパズルはこれまでに例示した他の洞察問題と異なり, 目標状態を部分的に見せることができるという性質を持っている。9点問題やろうそく問題, マッチ棒代数問題は, 正解を図解してしまうと正解そのものを教えることになってしまうし, チェッカーボード問題は証明問題としての性質上, 正解を図解すること自体が難しい。これに対してTパズルは, 口頭のみで「四つのピースをもれなく使って組み合わせて, T字型を作ってください」とゴールを教示することもできれば, 正解のシルエットを見せて問題を解かせることもできる。しかし, 口頭のみの説明ではT字型の状態がどのようなものなのかが曖昧になり, 目標状態に達しているのか, 近づいているのかの判断がつきにくくなる。

　例えば, 口頭だけで「T字型を作れ」という教示を与えると, ま

れにピースの側面を立てて，細いT字を作る人も現れる。また，現在状態と目標状態との違いを過敏に検出しようとしてしまうと，部分的には正解を含んだ惜しい試行も誤りとして見過ごしてしまう場合もありうる。これもよく見られる事例であるが，上下逆さまの目標状態や90度回転した状態でゴール目前の図形を作っていながら，誤りであると判断してピースを崩してしまう人もいる。これらはいずれもゴールの制約が不適切な状態にあるといえる。

制約の動的緩和理論では，これらの制約の強度がどのように更新・調整されていくのか，その個人差を左右する要因についても述べている（開・鈴木, 1998; 鈴木・宮崎・開, 2003）。同理論によると，創造的な問題解決の個人差に関わる要因として，初期の制約強度，学習率，現在状態の評価関数の三つを挙げている。

初期の制約強度は問題解決当初に問題に対して抱いていた誤った問題の捉え方に相当し，この強度が最初から適切な状態であれば（つまり制約がすでに適度に緩和されていれば），解の早期発見に至る。

学習率は一度の失敗経験による制約強度更新の度合いである。わかりやすく言えば発想の柔軟性または頑固さにあたり，学習率が低すぎる場合は失敗を繰り返してもなかなか考えを改めない頑固な人，高すぎる場合は一度の失敗で考えがコロコロ変わってしまう迷いやすい人ということになる。

現在状態の評価関数は，先に述べたゴールの制約とも関連するが，自分のとった試行や現在状態への評価の適切さを意味する。自分の現状が正解に近いのか，遠いのか，正解に関わる要素を含んでいるのか，決定的な誤りを含んでいるのか，自分で自分の試行を適切に振り返ることができるのか，という点にあたる。創造的な問題解決ではこの評価が極めて難しいため，この評価が適切にできることは解の発見に大きく寄与する。もし目標状態のイメージが明確

で現在状態との差が正確につかめれば，誤りや惜しい部分を把握して正解に近づきやすくなる。実際，鈴木らの研究グループによる一連の研究では，Tパズルの目標状態のシルエットを提示しない場合や，縮小したものを提示する場合，原寸大のものを提示する場合など，さまざまなケースで実験を行っており，原寸大の目標状態のシルエットを提示しておく場合に解決成績が高いことを報告している（Suzuki, Miyazaki, & Hiraki, 1999; Suzuki, Abe, Hiraki & Miyazaki, 2001）。

　ここで述べた制約論，特に動的緩和理論では，他のアプローチで指摘される問題点への回答が可能である。初期の段階でヒントが与えられても試行錯誤してしまう現象や，正解に近づいたにもかかわらず試行錯誤に戻ってしまう現象は，初期制約の調整が適切に行われていても，現在状態の評価関数が不適切であれば，正解に直結する情報を目にしてもそのことに気づけないために起こる。また，学習率が高すぎると，一見正解に近そうに見えても正解になりえないような悪手を選んだ場合，誤った方向に制約強度を調整してしまい，試行錯誤に逆戻りしてしまう。

　制約論的アプローチでは，機会論的アプローチのような偶発的な情報の遭遇に頼ることもなく，問題空間アプローチのような膨大な記憶力や情報探索を前提とする必要もないため，現実的に無理のない説明が可能となっており，現状では最も有望なアプローチとして支持されている。

1.4.5　ひらめきは存在しない（標準的問題解決アプローチ）

　最後に紹介するのは極論ともいえる立場で，創造的な問題解決も通常の問題解決と何ら違いはないとする考え方である。これは標準的問題解決アプローチと呼ばれる。その証拠として持ち出されるのは，先にも紹介した9点問題において，予め9点からなる正方

形の外に線を引くことを教示しても，正解を即答できなかったとい
う実験結果である。この結果を報告した Weisberg & Alba（1981）
は，過去に類似の問題に取り組んだ経験があれば，そこから類推し
て解決法を発見することができるとして創造的問題解決の過程を説
明した。これまでの他のアプローチで述べたような特別な過程や概
念は必要としないという点で異質な立場だといえる。

　しかし，この立場には経験的には賛同しにくい読者も多いのでは
ないだろうか。先にもアハ体験について触れたように，少なくとも
主観的には，良いアイデアや解決法が突発的に，驚きの感情や衝撃
的な感覚と共に湧き上がることを経験することができる。この経験
からは，数学の計算問題を解いているときの感覚とは明確に異なる
印象を受ける。

　こうした違いを実験的に検討した報告として Metcalfe（1987）
による実験がある。この研究では，数学の問題を解いているとき
と，ひらめきを要するとされる問題を解いているときの両方で，定
期的なインターバルで Feeling of Warmth（FOW：解けそうな感
じ）を 10 段階で評定させ，その時系列変化を観察するという実験
を行った。その結果，代数問題のような公式の適用によって漸進
的に解に近づけるタイプの問題と，ひらめきを要する問題とでは，
FOW の変化が異なることを報告している。前者では FOW の変化
が徐々に高まっていくのに対し，後者では正解の直前になるまで
FOW の変化が表れにくい。ひらめきを要する問題では，仮に自身
が正解に近づいていたとしても，そのことを自覚することが難しい
ことを示唆している。このことからも創造的な問題解決には特有の
飛躍的な変化が伴うことは否定しにくい。

　この標準的問題解決アプローチは極端な主張をしているものの，
今日の創造性研究に寄与した面もある。それは創造性の脱神秘化，
つまり創造性は特殊な才能を必要とするものではなく，誰もが備え

1.4　ひらめきはどのような人に訪れるか　　27

コラム②：洞察問題とは何か

　前頁で Metcalfe によるひらめきを要する問題（洞察問題）とそうでない問題との解決過程を比較した実験を紹介したが，その問題の区分はどのように行っているのか疑問に思うかもしれない。実のところ，洞察現象を扱う研究では，多くの論文で引用・多用される問題こそあるが，その問題が洞察問題であるかどうかは問題の形式や題材によって決めることはできない。「こういう形式をとっていること，こういう情報を含んでいることが洞察問題である」という定義的特徴を定めることができないのだ。

　これまでに紹介したひらめきを要する洞察問題は，問題の形式や問題文などの情報から定義されたのではなく，解決者の挙動を観察し，試行錯誤からの正解への劇的な解決過程の変化が確かめられたものが多い。大多数の人にとっての初期制約が正解への到達を阻むことが知られている問題であるがために多用されているのである。

　逆に言えば，先に挙げた 9 点問題，T パズル，ろうそく問題も，問題の「ひっかけ（初期制約）」として意図された情報が，解く人にとって制約にならなかった場合には，試行錯誤もひらめきも体験することもなく解けてしまうかもしれない。T パズルのくぼみを埋めたいと思わない人もいるだろうし，最初から「画鋲の容器は道具として使えそうだ」と思う人が絶対にいないとは言い切れないだろう。こうした洞察問題を題材とした心理実験では，極端に解決時間が短い人や解に至るまでの試行数が少ない人は分析から除外する場合もある。

ている知的な能力，認知機能から発露するものという理解を広めた点である。私たちには本章で取り上げたような問題を解くことや，ひらめきを起こすことに特化した心理的要因や能力，そうした機能を専門に扱う脳の部位があるわけではない。

1.5　創造性への誤解からの脱却

　本章では，ひらめきがどのようにして起きるかという問いから創造的問題解決の諸理論までを概説してきた。創造的問題解決の過程は，はじめは特殊な才能や天啓のようなオカルトじみた「特殊な能力」として捉えられてきた。しかし，今日までの研究の蓄積からは，そうした誤解を払拭する幾つかの創造性の特徴を明らかにしてきた。

　標準的問題解決アプローチからは，創造性には特殊な心的処理装置やそれに特化した能力が必要とされるとは考えにくく，誰もが備える認知機能から発露しうるものだという点が挙げられる。問題空間アプローチからは，一見無駄な苦労のようにも見える初期の試行錯誤が，ひらめきへの準備としての意味を持ちうることが指摘されている。活性拡散アプローチが示したのは，一見問題解決に取り組んでいないように見えるあたための時期においても，問題解決者本人には自覚がない問題解決のための情報処理が行われうるという点である。これで創造的問題解決の4段階のうち，初期の試行錯誤とあたためが果たす役割がこれらのアプローチから説明されたことになる。

　機会論的アプローチでは，創造性とは個人の心的処理の中だけで閉じられたものではなく，周囲の環境や他者の助けを受けながら発揮されるものであるという，外部とのつながりが指摘されている。本書のタイトルは「創造性はどこからくるか」としているが，創造性を生み出す要因として，他者や道具などの外部の資源についても

1.5　創造性への誤解からの脱却　29

点検する必要がありそうだ。そして現在多くの研究で支持されている制約論的アプローチでは，日頃余計な情報をフィルタリングして私たちの思考を助けている制約が，逆に手がかりの見落としの原因になってしまうことや，その制約の強さは失敗経験によって緩和・調整されていくことが示唆された。

　しかし，これらの先行研究からは奇妙な印象を受ける点がある。私たちの主観としては，ひらめきは突然に起こるような印象があり，実際に Metcalfe らの実験データもそのことを示唆している。

　一方で，問題空間アプローチや機会論的アプローチでは，ある程度の試行錯誤の蓄積がなければひらめきが起こる見込みは低いとしている。制約論的アプローチでも，失敗経験の蓄積によって制約強度を調整することが指摘されている。これらのことからは，ひらめきの突発性というよりも漸進性が示唆されているように思える。体験としては突発的に起きるひらめきだが，認知的な処理としては漸進的に進んでいるという，一見すると両極端な関係はどのようにして両立するのだろうか。ひらめきがいつ訪れるのかという当初の問いに答えるには，この漸進性と突発性の両立をなせるような説明が必要になる。この点については次章で詳述する。

第2章 ひらめきの訪れを予測できるか

　第1章では創造的問題解決の過程を説明する各アプローチを取り上げた。そこで語られたのは，本人には突然解がひらめくように感じられる一方で，その背後で起きている心的処理は，失敗経験の蓄積を前提とした地道で漸進的なものが仮定されているという点であった。

　本章ではアイデアの着想やひらめきまでの過程をどの程度予測し，把握できるかという疑問について取り上げる。この議論を通じて，ひらめきの突発性と漸進性が相対せず両立しうることを示す。まず2.1節では具体的な問題提起を行い，2.2節ではひらめきやすさの個人差という観点から，ひらめきの予測可能性を検討する。2.3節ではひらめきの前兆として生じる個人内の変化について触れる。2.4節ではひらめきの予測しにくさを裏付ける潜在処理過程に関する研究を紹介し，2.5節ではひらめきに伴う予測困難な突発的変化と，着実に進んでいく漸進的変化の両立可能性について取り上げる。

2.1　ひらめきやすさは予測できるか

　そもそも創造性研究の難しさは，突然のアイデアのひらめきが予測・コントロールしがたいところにある。そこで本章では以下の2点について議論したい。

(a)　ひらめきやすい人とそうでない人はどう違うのか。

(b)　ひらめきには前兆があるのか。

(a) はひらめきの個人差の問題である。ひらめきは特殊な才能ではないとはいうものの，芸術家や発明家など，優れたアイデアを量産できる人とできない人がいるのは事実である。その違いをわける要因について認知科学から回答が出せるのか詳述する。(b) は，1.4 節でも幾つかのアプローチから報告されているひらめきへの準備段階の問題である。もし試行錯誤している中でも私たちの心の中でひらめきの準備が着々と進んでいるとしたら，その準備の様子が把握できれば，ひらめきの前兆をつかむこともできそうなものである。しかし，そもそも突発的なために予測や再現が困難であることが研究の難しさとなっている創造性やひらめきに，その前兆はあるのだろうか。

2.2　ひらめきやすい人とそうでない人はどう違うのか

本書の冒頭でも紹介したが，認知科学に関わりのない人が抱く創造性のイメージには，芸術的な人や特殊な人が発揮するものという固定観念が伴っていることがある。多くの人が思いつかないアイデアを生成できるのだから，その点では特殊といえば特殊なのだが，アイデア生成以外の部分でも風変わりな人物と思われがちだ。実際の逸話として，アインシュタインは道端に落ちているタバコの吸い殻を集めて喫煙するという奇妙な習慣を持っていたし，作曲家のシューマンは自分の楽曲について，「先人が自分に向けてアイデアを送ったものだ」と言った。近年ならば歌手のレディーガガは著名な賞の授賞式やイベントの際に奇抜なファッションで登場して観衆を驚かせている。

卓越した業績を残す人物とその人物がなす奇妙な言動は昔も今も少なからず見られるため，創造性と奇妙な言動との関連を扱う研究

も蓄積がある。こうした研究では，創造性テストの成績と統合失調型パーソナリティ障害の程度を測る尺度との比較を行うといった手法がとられる。統合失調型パーソナリティ障害の人は，そうでない人に比べると奇抜な服装を選んだり，情動面や他者とのコミュニケーションの点で非凡な反応が見られる他，超常現象などを信じ込むなどの行動傾向を持っていることが多い。

　こうした一風変わった行動や考え方をする人ならば，常人が気づかない，あるいは常人ならば目を背けてしまうような考え方にも抵抗なくたどり着ける可能性が高い。実際，Kinney, Richards, Lowing, Leblanc, Zimbalist & Harlan（2001）による調査では，統合失調型パーソナリティ障害に該当する子どもはそうでない子どもよりも，創造性テストの得点が高いという結果を報告している。また，創造的な人はそうでない人に比べて統合失調型パーソナリティ障害の尺度で高いスコアを示すということも報告されている（Nettle, 2006; Rawlings & Locarnini, 2008）。

2.2.1　認知的脱抑制と潜在抑制

　こうした特殊な行動傾向を持っている人物が創造的な人物とされやすいのはなぜか。この点については，Carson（2011）が指摘する「認知的脱抑制」が有力な説明となりうる。認知的脱抑制とは，取り組んでいる問題や課題とは直接関係しないような情報にも注意が向いてしまう状態のことを指す。先に制約論的アプローチでも紹介したように，私たちは問題を解くとき，問題解決に関連しそうもない些末な情報を制約によって抑制し，有用そうな情報に注意を振り向けることができる。Carson はこの抑制を「潜在抑制」と称した。常人ならば無意識的に実行している潜在抑制が，統合失調症の人においてはその機能が低下しているものと考えられている。言い換えれば，常人ならば無関係なものとして気にも留めない情報が，

統合失調症の人にとっては気がかりであったり，見過ごせないものになっていたりするのである。

　しかし，このことだけで創造性が成立してしまうわけではない。そもそも制約は本来，創造性を阻む障害として存在するのではなく，問題解決中に些末な無関係情報の処理でパンクしないようにするためのものであった。認知的脱抑制で多用な情報を見落とさず拾えるようにするからには，その膨大な情報を受け止めるだけの作業記憶容量が必要になる。また，認知的脱抑制で入ってくる情報は，あくまでもアイデアを生み出す手がかりや材料にすぎない。得られた手がかりを組み合わせたり，調整したりするための能力も問われる。Carson の説では，創造的でありながら奇抜な人物においては，認知的脱抑制による多様な情報の入手と，それらを利活用するだけの認知的能力を両立しているのだと考えられている。この説は「共有脆弱性モデル」と呼ばれている。

2.2.2　才能に頼らずにひらめくには

　Carson の共有脆弱性モデルは，統合失調型パーソナリティ障害の傾向と創造性について説明するものではあるが，そうした精神疾患を持っていない人物も創造的なアイデアを生成している。精神疾患を前提とせずに，創造的なアイデアを生み出す人物の特徴や要因を示すことはできないだろうか。

　1.4.4 節に紹介した動的緩和理論では，制約強度の更新に関わる要因として，初期の制約強度，学習率，現在状態の評価の要因を挙げていた。これらの要素については，特に精神疾患であるか否かによらず，誰もが備えうる要因である。初期の制約強度からは，最初から問題の捉え方が適切な人はひらめきやすいということが予想される。学習率の要因からは，考えを柔軟に改められることがひらめきを促進しうることが示唆される。これら 2 点に関しては，特定

の情報に固執せずにさまざまな情報や考え方に目を向けるという点で，認知的脱抑制にも通じる要因と考えられる。現在状態の評価の要因については，自分自身の考え方や失敗経験を振り返る能力にあたるものなので，認知的脱抑制とは別の認知能力と見ることができる。

　また，ここに挙げた要因は，アイデアを生成する本人のパーソナリティだけの問題ではない。これらは他者との協同や視覚的にフィードバックしやすくするなどの方法で，外部から介入して促進することもできる。先に紹介した T パズルの事例（1.4.4 節）では，目標状態と同寸の T 字型のシルエットを提示した場合に解決成績が特に高くなることを述べた。これは視覚的に現在状態と目標状態との差異を確認しやすくすることでひらめきやすくなったことを示している。また，後述するが，複数名で協同して問題解決に取り組むことで，一人では着想できなかった気づきを得る場合もある。これは他者の力を借りて認知的脱抑制を果たしたと見ることもできる。

　他にも創造性やひらめきを得る上で有効な要因として，感情の状態が挙げられる。ポジティブな気分とネガティブな気分では，ポジティブな気分のときの方が創造的な思考が促される。Isen, Daubman & Nowicki（1987）は，感情の影響を比較検討するための六つの条件を設定し，ろうそく問題を用いた課題の成績を比較した。六つの条件とは，映像や報酬を与えて気分を誘導した三つの条件と，気分を誘導していない三つの条件であった。まず気分を誘導した条件としては，コメディ映像を提示してポジティブな気分に誘導した条件と，暗い雰囲気のドキュメンタリー映像を提示してネガティブな気分に誘導した条件，キャンディを与えてポジティブな気分にした条件を設けた。

　気分を誘導しない条件としては，感情を左右しにくい数学の解説映像を提示した条件と軽い運動をする条件，そして統制条件として

2.2　ひらめきやすい人とそうでない人はどう違うのか　　35

何も映像視聴も運動もしない条件を設けた。数学の映像を提示した条件は，映像を視聴したことそのものが感情の起伏によらず課題解決に影響する可能性を検討するためのものであった。また，軽い運動をする条件は，課題時の覚醒状態による影響を見るために設けられた。

こうした条件間での比較の結果，ろうそく問題の解決率が最も高かったのはコメディ映像を視聴した条件であった。コメディ映像を視聴した条件は6割近くが解決に至っていたが，他の5条件は3割以下の解決率となった。

どうしてポジティブな気分が創造的な思考を助けるのかというと，試行を行う際のリスクへの態度が関わっているためである。新しいアイデアや未知の解決法を試してみるときは，失敗のリスクや不安を恐れずに臨む前向きな態度が求められる。Isen らの実験結果は，コメディ映像を見てポジティブな気分になることが，こうした態度を促す効果があるということを示唆している。また，キャンディなどの報酬で気分を変えても解決成績が優れなかったことから，気分の誘導の仕方によっても効果が異なると考えられる。

Isen らの実験では，運動によって覚醒状態に誘導しても成績が優れなかったという結果も報告しているが，その一方で，睡眠の重要性を示す実験結果も報告されている。Wagner, Gais, Haider, Verleger & Born（2004）では，数列を題材としたひらめきを要する課題を用いて睡眠がひらめきに与える影響を検討している。実験で用いた課題では，隠された規則性に気づくと解決が劇的に促進されるよう工夫された問題となっていた。

この実験では課題の説明と練習を行った後，夜間8時間睡眠をとった条件と夜間8時間眠らずに待機する条件，日中8時間起きたまま待機する条件の三つの条件を設け，それぞれ再テストでの成績を比較した。その結果，夜間に睡眠をとった条件では，他の条

件より有意に高い割合で隠された法則性に気づくことができた。な
お，夜間眠らず待機していた群と日中に起きたまま待機していた群
の間には，成績に差が見られなかった。また，これらは課題の事前
練習と再テストの間に睡眠を挟むという手続きであったが，夜間の
睡眠をとった後に実験の説明と課題解決に取り組む群と日中に起き
ていた状態から実験の説明と課題解決に取り組む群の比較も行って
いる。その結果，これらの2群には促進的な効果は見られなかっ
た。

　これらの結果から示唆されるのは，覚醒状態の程度自体は創造性
に寄与するわけではないが，課題に取り組む間に睡眠を挟むことが
促進的な作用をもたらすという点である。また，巷には早寝早起き
を妙に神格化する人もいるが，Wagnerらの結果では睡眠をとる時
間帯による効果は見られなかったことから，早起きであることは創
造性の発露に寄与するわけではないようである。

　本節では，ひらめきやすい人とそうでない人の違い，個人差の要
因について取り上げた。こうした話題を扱うと頻繁に見かけるのが
「創造的になるためには奇妙な言動をとらなくてはならない，変人
にならなくてはならない」といった誤解や，「自分は創造的・天才
的な人物なので，常識のない行動をしても仕方ないのだ」という迷
惑な勘違いをする人物だ。しかし，統合失調型パーソナリティ障害
でなくとも創造的なアイデアを生み出すことは可能だし，変人であ
るだけでは創造的な人物だとはいえない。最も重要なことは，先入
観なく広く情報を受け入れる態度と，受け取った情報を扱い切るこ
とができる認知的処理能力だろう。そして，それらの要因は外部の
サポートを得て促進することもできる（これについては後の章にて
詳述する）。そういった観点からも，やはり創造性は特殊な才能で
はなく，誰もが備えていて発揮できるものだといえるだろう。

2.3 身体に表れるひらめきの前兆

　前節では創造的な人とそうでない人との違い，創造的思考の個人差に関わる要因を扱った。これは「ひらめく見込みの高そうな人」を探ることにあたるが，次は同じ個人の中でのひらめきの兆候について取り上げたい。ひらめきの前兆はあるとした場合，どこに表れるのだろうか。また，その前兆は本人に把握することはできるのだろうか。少なくとも，Metcalfe らの Warmth 評定を用いた実験からは，ひらめきを要する問題は自身が正解に近づいているとしてもそのことを自覚できないという結果が報告されている。しかし，それはあくまでも自覚していないだけで，本人にも自覚できない変化が行動に表れている可能性もある。その一つの証左となる研究として，Suzuki, Abe, Hiraki & Miyazaki（2001）が挙げられる。

　Suzuki らは，図 1.4 の T パズルを解かせる課題を行う最中に，さまざまな解決途中の T パズル画像（図 2.1）を提示し，正解との近さを評定させるという実験を行った。提示される画像は四つのピースのうち，解決の鍵となる五角形ピースともう 1 ピースが組み合わされた状態，つまり解決途中の画像となっている。この画像は，五角形ピースの使い方によって 4 種類用意されていた。図2.1（a）は最も正解に近いもので，五角形のくぼみを埋めず，斜めに配置した画像である。これは動的緩和理論に従えば関係レベルの制約と対象レベルの制約の両方から逸脱した状態となっている。(b) は五角形のくぼみを埋め，かつ縦・横に配置した画像である。これは逆に関係レベル・対象レベルの両方の制約に縛られた状態といえる。(c) は三つ目として五角形のくぼみを埋めずに縦横に配置したもの（関係レベルの制約のみ逸脱），(d) は五角形のくぼみを埋めて斜めに配置したもの（対象レベルの制約のみ逸脱）が用意された。このように正解への近さの異なる画像を実験参加者に提示して，「正解への近さ」を 10 段階で評定させるという評定課題を課

38　│　第 2 章　ひらめきの訪れを予測できるか

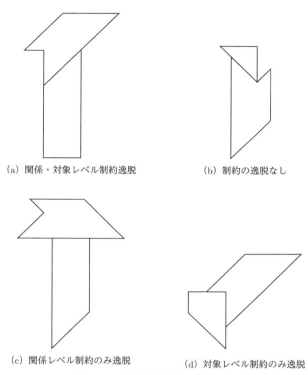

図 2.1　4 種類の制約逸脱状態の画像

した。

　このとき，実験参加者のグループを二つに分け，試行錯誤すらあまり行っていない問題解決初期の段階である 1 分後に評定課題を行うグループ（1 分群）と，ある程度試行錯誤を積み重ねた段階である 5 分後に評定課題を行うグループ（5 分群）とし，それぞれの評定傾向を比較した。すると，1 分群と 5 分群とでは解決までにかかる時間や総試行数には違いが見られなかったにもかかわらず，評定課題に明確な違いが表れた。5 分群は正解に近い画像に対して正

2.3　身体に表れるひらめきの前兆　│　39

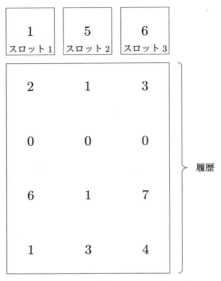

図 2.2 スロットマシン課題（寺井・三輪・古賀, 2005）

しく高評価をつけていたのに対し，1分群は正解に近い画像への評価が低く，見た目は T 字に類似しているが正解になりえない画像を高く評価するという違いが見られた。このことからは二つの示唆が得られる。一つは，失敗経験を積み重ねることによって評定傾向が変わる，つまり目の付け所が変わるということ，もう一つは，目の付け所は変わっても，そのことが必ずしも解決成績に直結するとは限らないということである。Metcalfe の研究では，自身が正解に近づいているのかを正しく把握するのは難しいことを報告していたが，Suzuki らの研究は，失敗を積み重ねることで有用な情報に遭遇したときにその有用性に気づきやすくなる，ということを示している。試行錯誤は無駄なことではないのだ。

このことを支持するさらに直接的な知見がある。寺井・三輪・古

賀（2005）は，ひらめきに近づきつつある人の目の付け所を捉える手段として，眼球運動に目を付けたのである。寺井らは課題として，発想の切り替えと規則性の発見を必要とするスロットマシン課題（図 2.2）を用意し，その課題解決最中の発話と眼球運動の同時計測を試みた。このスロットマシン課題では，横一列に並んだ三つのマスのそれぞれに 1 桁の数字が提示される。数字は左側から順に一つずつ表示され，数字は隠された規則性に従って選ばれる。実験参加者はその隠れた規則性を推察して，一番右のスロットに表示される数字を当てるということを繰り返すことが求められた。なお，最上段にある数字が解決中の問題で，それより下に並んでいる数字列はそれまでに表示された三つの数字の履歴となっている。

　この問題に初めて取り組む実験参加者の多くは，提示された三つの数字の間で規則性を探ろうとする。例えば，「左から中央の数字を足したら右の数字になる」といった規則性を考えることもできるだろう。実際，最初の数回の試行ではそういった提示中の三つの数字に着目しても正解できるように仕組んである。しかし，これは実験者が用意した「ひっかけ」で，真に発見すべき規則性は別にある。本当の規則性は提示中の三つの数字（横方向）ではなく，提示済みの履歴，つまり縦方向の数字の規則性を見る必要がある。真の規則性は「直前の数字に 3 を足したもの」というもので，最右列の数字にだけ着目すればよかったのである。

　この数字への着眼傾向がどのように変わっていったのかを眼球運動から見ていくと，二つの示唆深い結果が得られた。一つは，真の規則性に気づいてアハ体験を起こすよりも前に，すでに目の動き方が変わっているということだった。この実験では，誤った規則性に沿って課題の画面を観察しようとすると眼球運動は横方向に動き，真の規則性に気づくと眼球運動は縦方向に動くようになると予想される。そこで，真の規則性を発見した驚き（アハ体験）の反応や発

言の前後で眼球運動を観察してみたところ，規則性発見の直前から
すでに縦方向の眼球運動が生じていた。もう一つは，眼球運動の変
化は漸進的に生じていくということである。縦方向の眼球運動と横
方向の眼球運動の頻度を時系列に記録していくと，正しい規則性を
発見した時期を境に眼球運動ががらりと変わるのではなく，それよ
りも早い時期から少しずつ縦方向の眼球運動の増加が見られた。

　創造性やひらめきというと，その突然さが目立つため，何かのき
っかけでガラリと心的状態の変化が起きることがひらめきの前提
条件のように思えてしまう。しかし，この眼球運動の変化は，ひら
めきが起きる前に，ひらめくための準備や前兆が着々と進められて
いることを示唆している。興味深いのは，少しずつ着々と生じるひ
らめきへの準備が，本人も自身の状態でありながら正確に把握でき
ていないという点である。慣用句に「口より先に手が出る」という
言い廻しがあるが，寺井らの知見は「ひらめきは口より先に目に出
る」，「目は口ほどに物を言う」ことを象徴するものだ。

コラム③：「盲視」―目は見えていなくても見ている―
　2.3 節でに取り上げた寺井らの研究では，ひらめきに至る前
から本人も自覚なく眼球運動，つまり目の付け所が変わって
いることが示された。この知見は無意識的な身体の処理が意識
的・自覚的な思考に先んじて手がかりに反応していることを意
味している。これは日常の経験的にはにわかに信じがたいかも
しれない。確かに私たちは，日常でよく慣れた行動は意識せず
とも自然と体が動いてしまう。自転車や自動車の運転などが典
型的な例だ。しかし，意識的に練習した運動ならともかく，何
気ない目の動きまで自動的・無意識的に適切な動きができるも
のなのだろうか。
　これに関して手がかりとなる神経科学的な知見を取り上げた

42　　第 2 章　ひらめきの訪れを予測できるか

い。脳の一次視覚野を損傷した場合に起きる「盲視」と呼ばれる現象がある。目や目から送られる視覚情報を処理する神経経路自体は無事なので，光の持つパターン（物の形や色，動きなど）は問題なく処理される。しかし，その目から入ってきた光が何を表しているのかを「自覚できなくなる」という。「自覚できなくなる」と書いたのは，自分に向けられた光に対して正しく反応できるにもかかわらず，本人は正しく反応しているつもりもなく，また正しく反応できているのにその理由がわからないという状態だからだ。

　例えば，一次視覚野を含む右後頭葉の一部を切除された患者は，左視野の映像が何もわからなくなる（「見えなくなる」と書かなかったことに注意されたい）。しかし，この患者の左目に光を当てていると，眼球はその光源を追うように動く。それにもかかわらず，光が見えたかどうかを問うと，見えていないと回答する。さらに，光源の方向がわからなくてもよいから指してみるように指示すると，的確に光源の方向を指すことができる。同様の方法で光の形や色を変えて提示し，提示された光を選択式の回答で求めると，チャンスレベル（当てずっぽうでも到達しうる正答率）以上の確率で正しく言い当てることができる。このときも患者は回答の根拠を説明できず，当てずっぽうのつもりで答えているのだ。

　この症例からは，目から入ってくる視覚情報への身体的な反応と，視覚情報から知識や意味を取り出すことが別々に行われていることが示唆される。前者は本人が自覚して行うことのない自動的で無意識的な処理である。寺井らの実験で示された自覚のない眼球運動の変化は，こうした無意識的な探索行動の変化によるものと考えられる。

2.3　身体に表れるひらめきの前兆　　43

もう一つ，創造性と直接関わるものではないが，思考の変化の兆候が「口より先に手が出る」ことを示す知見を紹介したい。それは認知発達の分野で報告されるジェスチャー・スピーチ・ミスマッチと呼ばれる現象だ（Church & Goldin-Meadow, 1986）。この現象は発話と身振り手振りが乖離するというもので，一定の認知発達の過渡期にある子どもに見られる。例えば，子どもに簡単な算数の問題を解かせ，解決中に自身が思いついた解法を説明させる。すると，誤答する子どもに2パターンの傾向が表れる。一方は説明と身振り手振りに一貫性がある子ども，もう一方はそれらに食い違いがある子どもである。

　この現象の奇妙でありながら興味深いのは，説明と身振り手振りに食い違いがある子どもの方が，そうでない子どもに比べてその後の課題の理解が進みやすいという点である。この現象が示唆するのは，熟考して紡がれる言語的説明とは別に，身振り手振りを生み出す身体が別の解法の可能性に迫っているということだ。この知見で扱うのは，ひらめきを要する題材ではないが，発話と身振り手振りの食い違いが生じる子どもの方が問題解決の行き詰まりから脱しやすいという点は，先に述べた寺井らの知見にも通じるところがあるだろう。

　これらの知見を概観していくと，自分のことや自分の思考は，考えている自分自身が一番よくわかっているはずだろうと思う読者もいるかもしれない。しかし，私たちは自らが起こす行動や思考を完全に意識してコントロールしているわけではない。それは自転車や車の運転を思い出してみてもわかるだろう。私たちはこうした乗り物を運転するとき，その手順や方法を自覚することも説明することも当然できるし，十分に習熟すればそういった手順を意識することなく運転できる。日頃の何気ない動作の一挙手一投足を見ても，よほど険しい山道を歩く場合でもない限り，いちいち身体の動かし

方を意識することなく過ごしているはずだ。また，今まさに拙著を読んでいる読者は，文章の意味を理解しようと集中して精査し，時には理解しがたい箇所について熟考することもあるだろう。その一方で，何気なくページをめくったり，部屋の光源に応じて読みやすくなるよう本を傾けてみたり，姿勢を変えてみたりもしているはずだ。

このように，私たちの知的な挙動においては，注意を向けて熟考する意識的処理と，意識せずにおよそ自動的かつ速やかに実行される無意識的処理の両方が同時進行で働いている。思考や推論のような高次の認知処理を扱う研究では，これまで意識的処理に焦点を当てることが多かったが，近年の創造性や洞察現象を扱う認知科学研究では，無意識の果たす役割に着眼した研究が精力的に進められている。これについて次節で紹介したい。

2.4　ひらめきの過程は自覚できない

ここまでに，ひらめきのプロセスを説明する幾つかのアプローチを紹介してきた。それらの多くは，明示的に意識と無意識の役割の役割について述べてはいなかった。しかし，人が問題を解く際には，眼球運動や身振り手振りのような無意識的な身体動作と，問題解決者が意識的に言葉を紡ぐ発話との間に乖離が見られる。このことから，どうやら無意識的な処理が創造性やひらめきの実態を説明する上で鍵になるといえそうである。

創造的思考や洞察研究における無意識的処理の役割に迫る諸研究には，大きく分けて二つのアプローチがある。一つは創造的思考が求められる課題を行う際に意識的な思考を妨害するという方法で，もう一つは無意識的処理に介入するという方法である。まずは前者について次節で紹介しよう。

2.4　ひらめきの過程は自覚できない　　45

2.4.1 妨害課題による意識的処理の抑制

　洞察研究の多くは試行錯誤の役割や試行錯誤からひらめきへの飛躍が起きるメカニズムについて扱うことが多いが，それらに比べて1.4節で取り上げた「あたため」の役割について積極的に説明しようとする研究は少ない。あたための時期に何が起きているのかという点には諸説ある。一つには，あえて問題から離れることで誤った解き方へのこだわりが弱まり，誤った解き方を忘却するから問題解決できる，という説が考えられる。制約論的アプローチの言葉で考えるならば，問題とは無関係な活動を通して，誤った制約の強度が忘却により弱められたということになる。しかし，単純に忘却しただけだとすると，誤った制約に関わる情報だけが忘却され，問題解決に関わる情報は残っているというのはあまりにも都合が良すぎる。仮にそのような都合の良い忘却が起きるとしても，それならば有用な情報とそうでない情報とを分ける何らかの処理が行われているはずである。

　この点について，あたための時期に無意識的処理が働いているとする仮説を唱えたのが Dijksterhuis & Meurs（2006）だ。Dijksterhuis らは創造的思考の際に行われる無意識的処理の特徴について，Unconscious Thought Theory と称する以下の六つの原理をまとめている。

(1)　Unconscious Thought Principle

(2)　Capacity Principle

(3)　Bottom-up vs Top-Down Principle

(4)　Weighting Principle

(5)　Rule Principle

(6)　Convergence vs Divergence Principle

　(1) Unconscious Thought Principle は，思考には意識的な思考モードと無意識的な思考モードの二つがあり，両者は同時並列的に

作動しているということを示したものである。

(2) Capacity Principle では両者の処理容量について述べている。意識的な思考モードは無意識的な思考モードに比べて処理できる情報の容量が小さい。そのため，意識的な思考は系列的で狭い範囲の情報に集中してしまいやすい。一方，無意識的処理は意識的処理に比べて処理容量が大きく，多数の情報を並列的に処理できるという。

(3) Bottom-up vs Top-Down Principle では，意識的処理と無意識的処理の駆動形態について言及したものである。無意識的処理は知覚主導のボトムアップ的な処理が行われるのに対し，意識的処理は概念主導のトップダウン的な処理が行われる。そのため，後述する Weighting Principle で示すような，事前知識や期待による偏見や固定観念にとらわれやすいという。

(4) Weighting Principle は，Bottom-Up vs Top-Down Principle に基づく情報処理の優先傾向を述べたものである。意識的な処理は，アクセスしやすい，思い出しやすい情報や，記号・言葉で表しやすい情報を重視してしまうが，無意識的処理はそういったバイアスに影響されにくいという。

(5) Rule Principle では意識的処理と無意識的処理の得意とする処理を述べている。意識的処理は規則性や法則性を利用した思考ができる。一方，無意識的処理は大雑把な見積もりや評価，概算に長けるが能動的に法則や規則性を活用することができない。

(6) Convergence vs Divergence Principle は，創造的思考との関連性について触れたもので，意識的思考は収束的思考を得意とし，無意識的思考は発散的思考を得意とする。

これらの原則をもとに Dijksterhuis らは，判断材料や問題中に満たすべき制約が少ないシンプルな問題状況の場合には，意識的処理は良い判断を下せるが，判断材料や制約が多数絡み合ってい

るような複雑な問題状況下では，意識的処理は対応しきれず良い判断が下しにくくなると予測した。むしろ複雑な問題状況下では，意識的処理よりも処理容量が大きく，バイアスにも影響されにくい無意識的処理の方が，良い判断を下しやすいとも考えられる。Dijksterhuis らはこれを Deliberation Without Attention Effect と呼び，心理学実験による再現と検討を重ねてきた。

Dijksterhuis らの行った実験的検討では，購入する車選びといった判断場面や，新しい商品名・ブランド名を考えるといったアイデア生成場面が題材として用いられてきた。商品名を考えるといった題材は，広い意味では発散的な創造性課題ともいえる。

通常の創造性課題ならば題材と幾つかの具体的な回答例を教示してから，しばらくアイデアを探索する時間を設けるが，この実験では課題に取り組むにあたって，アイデア探索の時間に幾つかの条件を設けた。一つは数分間の熟考を促す熟考群，もう一つは熟考する時間を与えず即回答を求める即答群，そして熟考群と同じ期間，アイデアを探すのではなく妨害（ディストラクタ）課題に取り組ませる Unconscious Thought 群（UT 群）の三つの群であった。UT 群ではアイデア生成課題の内容提示後に無関係の別課題に取り組ませることで意識的処理を妨害課題に向かわせ，アイデア生成を無意識的処理主導にすることを狙ったのである。いずれも，熟考時間や妨害課題の時間などの違いはあるが，アイデアを回答する時間は 1 分間であった。

素朴に考えるならば，考える時間や処理資源に余裕がある熟考群が最も良いアイデアを生成しそうと考えられるだろう。しかし，実験結果はアイデアの生成数こそ熟考群は即答群より優れていたが，教示の中で予め提示された具体例と部分的に類似したアイデアが生成されやすいという結果になった。一方，UT 群もまた，即答群よりも多くのアイデアを生み出し，さらに事前の具体例と類似してい

ないアイデアが多いという結果になった。

　この研究が示唆するのは，創造的思考のあたための時期では，意識的処理主導で熟考することよりも無意識的処理に委ねる方が，より多用なアイデアを探索しうるということである。熟考群はアイデア数が多いものの，直前に与えられた具体例に目を向け，その情報に固執してしまうことで多様なアイデアが生み出しにくくなってしまった。それに対して UT 群は，無関係な妨害課題に従事することで，具体例からの固執を免れ，多用なアイデアを生み出すことができた。前章ではひらめきが連想を広げることによって生じるとする活性拡散アプローチを紹介したが，Dijksterhuis らの知見と併せて考えると，あたための時期には無意識的処理による情報の連想と探索が続けられているとも考えられる。

　Dijksterhuis らの研究からは，あたための時期にも積極的な意味，特に潜在的な情報処理が行われている可能性が示唆されるが，このあたためは，どのようなタイミングでもよいというわけではない。Beeftink, Eerde & Rutte（2008）は，実験参加者を連続群，中断群，休憩群の三つの群に分け，異なる 3 種類の洞察問題を 18 分間で解くよう実験参加者に課した。ここでの三つの実験参加者群の違いは，問題の切り替えのスケジュールにある。まず連続群に割り振られた実験参加者は，3 種類の問題を各 6 分のインターバルで切り替え，順番に 1 回ずつ取り組んだ。例えば，最初の 6 分で問題 A に取り組み，次の 6 分で問題 B，最後の 6 分で問題 C に取り組んで実験を終了するという手順である。

　連続群は各問 6 分という制限時間を一度ですべて使い切るため，一旦問題解決から離れてあたためることができない。これに対して中断群に割り振られた実験参加者は，同じ 3 種類の問題を連続群と同じ順番で各 3 分のインターバルで解くが，時間が半分になっている分，各問 2 回ずつ取り組める。問題 A，B，C の順に取り組

2.4　ひらめきの過程は自覚できない　｜　49

んだ後，もう一回，問題 A，B，C を解く機会が与えられる。この群では 3 分で次の問題に切り替えられてしまうため，解決途中で問題から離れることを強いられてしまう。このように問題切り替えのスケジュールが固定されている二つの群に対し，休憩群に割り振られた実験参加者は，18 分という持ち時間の許す限り，好きなタイミングで取り組む問題を切り替えることが許可された。

こうした問題の切り替えのスケジュールの異なる三つの群の成績を比較したところ，休憩群の成績が最も優れていた。このことから，あたためのタイミングは，周囲から強制されるのではなく，解決に取り組む本人の判断で行うことが望ましいといえる。この違いが生じた原因と機序についてはまだ議論の余地が残っているが，意識的処理を中断して無意識的処理主導にすべき時期を，私たちは無自覚に感じ取っている可能性もありうる。

2.4.2 閾下情報提示による創造的問題解決への介入

Dijksterhuis らの知見は，創造的な思考に取り組む際に意識的処理を妨害課題に向かわせるという手法で無意識的処理の機能を示すものであった。これに対し，直接的に無意識的処理に働きかけてその影響を検討するという手法をとる知見もある。

無意識的処理に働きかける方法としては，まず，瞬間的に視覚情報を繰り返し提示するという方法が挙げられる。これは一般にも知られる手法で，いわゆる「サブリミナル効果」と称される手法である。しかし，このサブリミナル効果と呼ばれているものは，厳密には閾下刺激提示による単純接触効果（Zajonc, 1968）という現象である。単純接触効果とは，接触した回数の多い事物への好意度が高くなるというもので，例えば選挙戦で遊説する候補者が自身の名前を連呼するのもこの効果を狙ったものである。いざ投票する場面になり，候補者の名前がずらりと並んでいると，どの候補者が良いの

か判断がつきにくいという人もいるだろう。そうした場合に，名前を聞いたことがある気がする候補者に投票するということが起きうる。こうした単純接触効果は単純な図形から，漢字，衣服などさまざまな題材に対する印象判断で効果が表れるとされている。

この単純接触効果の驚くべきところは，先に例示した選挙の例のように，明確に接触した自覚がない場合であっても効果があるという点である。視覚的な情報を，目にも止まらぬ速さで提示したとしよう。当然刺激提示された人間には見えたという自覚はない。しかし，刺激は確かに物理的には目に入っている。こうした状況でも単純接触効果が生じるというのである。

近年では，先に述べた閾下提示による単純接触効果を用いて，ひらめきや創造的思考が無意識的処理に支えられていることを示した研究が多数報告されている。特に先に紹介したTパズルのような図形パズルでは，映像でヒントを示しやすく，閾下提示による介入を行った研究には多くの蓄積がある。

西村・鈴木（2006）はTパズルの解決に先立って，無関係な動画の評価という名目で，解決のヒントになる閾下刺激を瞬間提示した。動画はさまざまな模様が目まぐるしく切り替わるもので，表向きにはその画像の切り替えのスムーズさを評価するわけだが，切り替えの際にTパズルのヒント画像を1/30秒という速さで差し込んでいたのである。その結果，一部の実験条件下においては，閾下刺激提示を受けた群は統制群に比べて解決にかかる時間が短く，自力で解決できた者も多いという結果になった。こうした結果はTパズルだけでなく，9点問題で検討した知見でも報告されている（服部・織田, 2011）。

しかし，この効果は常に安定して表れるわけではなく，類似の手順と題材を用いていながら再現されないケースもある（服部・柴田, 2008; 鈴木, 2009）。結果が再現されにくい理由は幾つか考えら

2.4　ひらめきの過程は自覚できない　｜　51

れるが，特に大きな要因としては，視覚刺激の提示方法の都合上，長い時間や多数のヒント画像を提示できないことが挙げられる。あまりに頻繁にヒント画像を挿し込むと，瞬間提示であってもヒント画像に気づきやすくなる。ヒント画像に気づきにくくするための工夫として，ヒント画像の直後にマスク刺激（ヒント画像に近い色合いの無関係なノイズ画像）を瞬間提示するという方法も取られるが，それによってノイズ画像がちらつくことで違和感を与えてしまう。

そこで，近年ではより強力な介入方法として，連続フラッシュ抑制（Continuous Flash Suppression, 以下 CFS と表記）と呼ばれる手法による刺激提示が用いられている。この方法では右目と左目に別々の映像を同時に提示する。寄り目ができる人ならば実感できることだが，右目と左目で違う対象に焦点を合わせると，右目からの映像と左目からの映像が重なって映る。

CFS では簡単な装置を使ってそれと同じ状況を作るわけだが，このとき一方の目に入る映像を，もう一方の目に入る映像よりも高い輝度で連続してフラッシュさせると，輝度の低い方の映像を知覚したという事実を自覚できなくなる。しかし，映像が目に映ったことは確かであり，本人の自覚はなくとも映像の影響が後続の行動や思考に表れる（Tsuchiya & Koch, 2005; 城戸・牧岡, 2009）。この方法は先に紹介した瞬間提示の手法に比べて多数・長時間の閾下提示が可能で，かつマスク刺激のような違和感を与えうる刺激を伴わないため，意識的な知覚に影響を及ぼしにくいという利点がある。

鈴木・福田（2013）はこの CFS を用いた介入で T パズルの解決成績が促進されるかどうかを検討した。具体的には，実験群には CFS によって T パズルの解決の鍵となる五角形ピースの正しい配置を示したヒント画像を閾下提示し，統制群には同じく CFS で T パズルとは無関係の図形で構成されたテスト画像を視覚の実験と称して提示し，その後，別の課題として T パズル解決に取り組ませ

た。

　その結果，実験群は統制群に比べて制限時間内での自力解決を果たした者も多く，平均解決時間も短いという結果になった。この実験では目標状態と同寸の T 字の型紙の上にピースを配置する要領で解決させる条件や，型紙のない条件下で解決させる条件でも検討され，いずれも閾下提示の効果が見られた。この結果が示唆するメッセージとしては，まずひらめきに至るまでの試行錯誤の期間に，本人も自覚していない無意識的・潜在的な処理が関与しているという点である。

　では，この潜在処理では何をしているのだろうか。前章で取り上げた機会論的アプローチでは，失敗経験を failure index として蓄積し，照合することを仮定していた。潜在的にではあるが取得した情報が蓄積されていたと考えれば，機会論的アプローチとも整合的と見ることもできる。ただし，どうやら単に閾下提示されたヒント画像との照合が行われただけではないようである。

　もし単に閾下提示された映像との照合をしているだけならば，型紙が与えられていない条件下ではヒント画像と同じ状況は再現されないので効果は見られないはずだ。しかし，実際にはヒント画像が提示されると解決率や解決時間は促進された。さらに，提示されたヒント画像はほぼ目標状態そのものといってもよい状態の画像であったが，その画像を提示されても，すぐには正解には行き着かなかった。したがって，閾下提示されたピースの配置をそのまま再現してクリアしたという可能性は考えにくい。そのため，閾下提示されたヒントは，失敗試行の評価やその後の試行の調整にまで影響するような関与があると考えられている。

　ここまでは閾下提示を用いた単純接触効果による洞察現象への介入を紹介したが，閾下提示による創造性への影響は，ヒント提示以外の方法でも現れる場合がある。Fitzsimons, Chartrand & Fitzsimons（2008）では，特定のブランドイメージを持つ企業のロゴを反復して瞬間提示してからアイデア生成課題を行ったところ，提示されたロゴによって算出されるアイデアの創造性評価が異なるという結果を報告している。この実験に用いられたロゴとは，一つはApple で，もう一つは IBM だった。どちらもパソコンを使う人なら誰もが知っている企業だろう。事前調査では両者のブランドイメージについての質問紙調査を行い，Apple の方が IBM に比べてより創造的な企業だというイメージを持たれていることを確認した。

　本実験では視覚課題としてランダムな位置に提示される模様の追跡する課題を行うが，このとき一方のグループには Apple のロゴを，もう一方のグループには IBM のロゴを瞬間提示した。その後のアイデア生成課題の結果，生成されたアイデアの創造性評価は，Apple のロゴを提示された群の方が高かった。なお，事後の質問でも，実験参加者たちは実験中に企業のロゴが表示されていたことに気づいていなかった。

　この知見で用いた創造性テストは，与えられた道具の新しい使いみちを考えるタイプの課題であるため，T パズルのような，正解に直結する具体的なヒント画像を示すことはできない。そこで提示されていたのは特定の固定観念やイメージを伴った企業のロゴである。この場合は，閾下提示された刺激は，失敗試行の評価や制約の緩和といった側面ではなく，課題に対する態度や探索する際の意欲に作用していたと考えられる。

　ただし，これらの潜在処理の関与に着眼した研究はいまだ現在進行中のもので，課題や疑問として指摘される点もある。また，インパクトの大きい結果が得られた実験でも，後続の研究では再現されなかったといったケースもある。現状は潜在処理の関与を示す諸現象の報告が集められている段階で，その発生機序の詳細については，今後の研究の進展が待たれる。

54　　第 2 章　ひらめきの訪れを予測できるか

潜在処理では閾下提示された刺激や情報はどのように格納されているのか，それらはいつまで，どの程度まで後続の処理に波及するのか，実験的なコントロールの難しさもあり，いまだ未知の部分は大きい。

2.5　創造的思考の突発性と漸進性

　本章ではひらめきに関わる無意識の役割に関する知見を幾つか紹介した。そこで取られるアプローチは，意識的処理を抑制する手法と，無意識的処理に介入する手法という対象的なものがあったが，いずれも創造的思考やひらめきを要する問題解決を左右する効果を示した。これらの知見から読み取れるのは，問題解決をしている本人にとっては，試行錯誤の期間は無駄な徒労のように思えるが，そうした期間にも無意識的・潜在処理のレベルで少しずつ解決への準備が進んでいるということである。

　1.4.5 節に創造的問題解決と通常の問題解決の違いとして，創造的問題解決の場合は正解に近づいていても本人はそのことを正確に把握できないという Metcalfe らの知見を紹介した。問題に取り組む本人の経験的・主観的には，ひらめきや良いアイデアの着想は気まぐれで前触れなく訪れるものという印象を抱いてしまうが，その正体は潜在処理にあるといえそうだ。ひらめきまでに経験する試行錯誤は，主観的には何の進歩もない，闇雲な足踏みのように感じられる。しかし，それは私たちが自身に起きている目の付け所の変化や連想パターンの変化といったひらめきの準備を自覚できていないだけであり，実際には少しずつかもしれないが着実に前進を続けている。これは創造的思考の漸進的性質を示したものである。そして突然のひらめきだと思っていたことは，そうした着眼点の変化や連想を意識，自覚することによる驚きの体験だと考えられる。奇妙なことではあるが，無意識が意識に先立って良いアイデアの探索を

コラム④：思い込みの力

　私たちはさまざまな肩書きやプロフィールから偏見を抱く。「Ｂ型は自己中心的な性格」，「高齢者は機械音痴だし記憶力が低い」など，こうした言明はすべて無根拠で実体の伴わない偏見にすぎない。しかし，私たちはこうした偏見に屈してしまうことがある。Hess, Auman, Colcombe & Rahhal（2003）の研究では，平均年齢70.8歳の高齢者と19.3歳の若者を対象にした実験でこのことを示した。実験では高齢者と若者をそれぞれを三つのグループに分け，「加齢に伴い記憶力が低下する」という高齢者にとってネガティブな内容の新聞記事を読ませるネガティブ条件，「加齢しても記憶力は低下しない」というポジティブな内容の新聞記事を読ませるポジティブ条件，事前に新聞記事を提示しない統制条件に割り当てた。なお，この新聞記事はいずれも実験のために用意された架空の記事であった。その後に記憶テストを行うと，ポジティブ条件と統制条件では高齢者と若者の間に成績の差は見られなかったが，ネガティブ条件では高齢者は大きく成績を下げ，若者に対して明らかに低い成績となった。これは「高齢者は記憶力が低い」という偏見に晒されることによって，高齢者たちは自身の態度をその偏見に合わせてしまったことを意味する。たとえそれが実態に沿わない誤った高齢者観であっても，無意識にそのような高齢者然として振る舞おうとしてしまう。なお，本節でも例にした「高齢者は機械音痴」についても，実際には高齢者であっても情報機器の操作技能習得や情報モラルの理解に関して若者にも劣らないことを示した研究結果が報告されている（梅室・圓川，1996; 阿部，2011）。

し，意識は無意識が行うアイデア探索を精査しており，そこで良い
アイデアであることが判明すると，私たちはまるで突然の天啓を得
たかのようにひらめいた印象を受けるのである。

　ここで本章のタイトルでもある「ひらめきの訪れは予測できる
か」という問いに暫定的な回答を出してみよう。本章ではまず創造
的な人とそうでない人との個人差について取り上げた。少なくと
も，創造的なアイデアに近づきやすい人に特有の態度や行動傾向と
いうものは存在する。

・偏見や固定観念を持たずに問題に臨めること

・頑なにならず新しい情報や考え方を受容すること

・自身の間違いや進歩などの自分の状態を的確に把握できること
などが挙げられる。新しい情報を取り入れる態度については，統合
失調型パーソナリティ障害のような特定のパーソナリティによっ
て実現することもあることも合わせて取り上げた。しかし，ここで
注意したいのは，こうしたパーソナリティと創造性の間の因果関係
である。特定のパーソナリティに該当すれば必ず創造的になるとい
うわけでもないし，あるパーソナリティの人が着想したから，とい
う理由でアイデアが創造的だと評価されるわけでもない。統合失調
型パーソナリティ障害でなくとも，また，認知的脱抑制下でなくと
も，制約から逸脱した広範囲のアイデア探索をすることが創造性に
つながるのであり，それは誰にでも実現可能である。

　また，本章ではひらめきの前兆を見つけられるか否かについても
議論した。これに関しても，眼球運動や FOW 評定などの手段で，
ひらめきに近づきつつある人の傾向を捉えられるといえそうであ
る。しかし，こうしたひらめきへの準備とその前兆は，皮肉にも問
題解決に取り組む本人が即座に，正確に把握することは極めて難し
い。そしてその把握しにくさこそが，私たちが経験する試行錯誤の
苦しさであり，同時にひらめきの突発性の原因でもある。

2.5　創造的思考の突発性と漸進性　｜　57

しかしながら，このことは私たちにとってポジティブな解釈もできる。学業にせよ，研究にせよ，それ以外のことにせよ，私たちは苦心し努力して考えているにもかかわらず良い成果やアイデアをつかめず悩むことがある。こうした何も前進できていないような時期でも，自覚できない何らかの小さな進歩があるはずだということを物語っている。スランプのときも腐らず，己の進歩を信じて努力を続ければ，いつか開花するということなのだろう。創造性の認知科学は素晴らしいメッセージを発信するではないか。

　とはいえ，創造性の漸進性と突発性に感動してばかりもいられない。進歩はあるにせよ，試行錯誤の期間は本人にとっては苦しいものである。現実の問題解決場面では期日までに回答を用意しなければいけないといった時間的制約もある。「信じて頑張ればいつかひらめくだろう」では済まないことも多い。何より悩ましいのは，自身のひらめきの準備状態が自分では把握できないということである。その点から考えると，創造性を個々人の才能や性格，知能だけで説明するのは難しい。偶然のヒントとの出会いをひらめきの契機として重視する機会論的アプローチからは，問題解決者本人の努力だけでなく，周囲の環境によるサポートの重要性も指摘されている。そこで次章では周囲の環境の要因に目を向けて，それらがひらめきや創造的思考に与える影響について触れていきたい。

コラム⑤：ひらめきは夢の中でみつかるか？

　ひらめきに関わる伝記的なエピソードの一つに，化学者アウグスト・ケクレのベンゼン環構造の解明が挙げられる。ケクレは馬車に乗って移動中にうたた寝をし，そのときに見た夢に出てきたイメージからベンゼン環の構造解明のヒントを得た。その夢とは「蛇が自分の尻尾をくわえて回転する」様子であったという。また，元素の性質の周期性，いわゆる元素の「周期

表」を発見したドミトリ・メンデレーエフにも夢の中で周期表を見てそれを目覚めてから紙に書き留めたという逸話がある。伝記的逸話からはこうした共通したひらめきに至るプロセスの特徴が語られる場合がある。

　では，この夢がひらめきにどのように貢献したのだろうか。夢もまた，ひらめきと同じく本人がコントロールすることの難しい体験であることから，その機能や効果の科学的な説明が困難であった。しかし，近年では睡眠中の脳活動を測定することで，夢が創造的な思考やひらめきにどう関わるのかを説明する手がかりが示されつつある。

　そもそも夢はどのように映像を作り出しているのか。目を閉じている通常の視覚の代わりに，脳幹の脳橋，視床の外側膝状体，後頭葉で発せられる脳波（PGO波）によって，目から入ってくる映像に代わる映像情報を生み出している。レム睡眠時，脳幹からはランダムな信号が視床へと送られる。視床内の外側膝状体は，覚醒時は目から取り入れた情報を視覚野に送るのだが，あくまでも送られてきた情報を視覚野に送るだけにすぎず，どこから入ってきた情報なのか，それが目から取り入れた刺激信号なのか，脳幹が発したでたらめな信号なのかを区別する術を持たない。この脳幹が発したランダムな信号が視覚野に届くと，ランダムで断片的な映像情報が浮かび上がる。しかし，でたらめな情報が断片的に浮かび上がるので，脳はこれらの情報のつじつまを合わせようと，持っている知識や体験した記憶で半ば無理矢理につなぎ合わせようとする。

　これに限らず，人間は欠けた情報を周囲の手がかりや知識で補おうとする。こうした性質は記憶でも，視覚や聴覚などでも起こる，私たちの基本的な性質である。（この性質を総じて横

2.5　創造的思考の突発性と漸進性 59

澤（2017）は「統合的認知」と呼んでいる）。そして特に重要なのは，これらのプロセスはすべて無意識のうちに行われるという点だ。

　夢を見ているときは自分がその（夢の）世界の中にいるという感覚があるので，意識が働いているように思えるかもしれない。しかし，夢を見ている間は，意識して判断を下すときに働く前頭前野の活動が停止する。夢のエピソードがたいてい奇妙で支離滅裂であるのに，そのことに疑問を持たないで夢を見続けるのは，前頭前野が活動していないからだ（ただし，例外的に夢を見ながら熟慮した判断や思考を行える体験をすることがある。これは明晰夢と呼ばれており，この状態では前頭前野も活動していることが報告されている）。

　夢の中では脳幹と視床が生み出す断片的ででたらめな情報を，前頭前野がケチを付けることなく見守っていく。いわば，脳内で仮想的なブレインストーミング（否定的な意見を控えて自由奔放に多数のアイデアを出し合う，集団でのアイデア発想法）が行われていたと見ることもできる。

　夢のこうした働きは，ひらめきにおける無意識的処理の重要性も示唆している。脳幹や視床が呼び出すさまざまな断片的情報は，意識によるコントロールを離れた自由な情報探索から得たものである。あえてランダムな情報探索をすることで，見落としていた情報を見直すことや，普段組み合わせようともしない情報を，上手につじつまを合わせて組み合わせることができるかもしれない。

創造的思考を助ける外的資源と外化

　第3章では創造的思考やひらめきを助ける環境や道具といった外的資源について取り上げる。まず3.1節では作業環境から受ける影響を扱った諸研究を紹介する。また私たちは自身の思考や着想を外部の環境にアウトプットし、その痕跡を残していくこともできる。こうした作業を外化と呼び、思考の外化について3.2節で取り上げる。思考を外化する手段として、私たちにとって最もなじみのある方法は言語化である。3.3節では言語化することの影響について取り上げ、3.4節ではその長所・短所の両面に言及する。これらの知見をもとに、3.5節では私たちの創造的思考がいかに環境や外部の道具に支えられたものなのかを再確認する。

3.1　創造性を支える環境要因・外的資源

　前章ではひらめきの漸進性と突発性について、ひらめくための準備的な処理が無意識的・漸進的に進んでいることと、それが自覚できたことによる驚きの主観的体験がひらめきの突発性の原因であることを述べた。自分ではひらめきの準備がどのくらい進んでいるのかを把握しにくいとすれば、個々人の努力だけではひらめきを説明することは難しい。外部の道具や環境の助けを受けてひらめきに至るケースも少なからずあるはずだ。では、ひらめきや創造的思考を助ける外的な要因にはどのようなものがあるのだろうか。

アイデア生成の外的要因，とりわけ環境については，心理学に限らず経験則的に語られることは多い。中国の詩人，欧陽脩（1007〜1072年）は「三上」と称して主に3種類の場所で創作活動をすることが多いと語っている。その三上とは「馬上」，「枕上」，「厠上」の三つである。「馬上」は文字どおり馬の上，つまり移動中を意味する。「枕上」は就寝時を，「厠上」はトイレのことを意味する。

　意外にもここに挙げる三つの場所には「机上」がない。考える材料や手がかりが揃っていそうな机上よりも，何もできることのなさそうな移動中，就寝中，排泄中の方がアイデアの探索が捗るというのは少々奇妙な印象を受けるかもしれない。この理由は幾つか考えられるが，枕上については2.2節でも触れた睡眠の効果によるところが考えられるだろう。また，別の要因としては前章で取り上げたUnconscious Thought Theory をはじめとする，あたための期間と無意識の働きが挙げられる。机上で本題に集中して取り組むよりも，気晴らしの外出や休憩，あるいはその間に生じる無意識的処理が，良いアイデアの着想を助けている可能性がある。

　「三上」として机上が挙がっていないからといって，机上は創造的思考に不向き，あるいは妨害的に作用する環境と考えるのは尚早だろう。実際には勉強やオフィスワークは机上で行うことがほとんどである。机上も条件次第で創造的思考を行うに十分な作業環境となりうる。以下では創造的思考を左右する環境要因に焦点を当てた研究を紹介したい。

3.1.1　作業環境の広さ

　創造的思考に限らず，まず作業環境において重要なのは広さである。Meyers-Levy & Zhu（2007）の実験では，実験室の天井の高さによって，活性化される概念が異なるという結果が示されている。実験では天井の高さが3mの部屋と2.4mの部屋を用意し，

実験参加者にいずれかの実験室に案内した。その後，その部屋で自身の身体状態に関する自己評定を行う質問紙と，アナグラムの文字列からもとの単語を回答する課題を実施した。このアナグラム課題では「自由」や「束縛」に関連する単語と，それらとは関連のない単語が題材に用いられた。

　こうした実験の結果，天井の高い部屋にいた実験参加者は，自身の身体状態について「自由さ」や「束縛されていない感じ」に関わる質問項目を高く評価した。これに対して，天井の低い部屋にいた実験参加者は「束縛感」に関わる質問項目の評価が高くなった。また，アナグラム課題では，天井の高い部屋にいた実験参加者は「自由」に関する単語の反応時間が早くなり，天井の低い部屋にいた実験参加者は「束縛」に関する単語の反応時間が早くなるという結果が得られた。私たちは，こうした部屋の広ささえも手がかりにして，関連する情報を活性化させてしまう。

　直接的に創造的思考を扱ったものとしては，Leung, Kim, Polman, Ong, Qin, Goncalo, & Sanchez-Burks（2012）が挙げられる。この研究では遠隔連想課題（Remote Associates Test（Mednick, 1962），以下 RAT と表記）を題材とし，一辺が 1.5 m の立方体を用意し，箱の中で考える群と箱の外で考える群を設けて比較を行った。ここで用いられた RAT では，一見関連性のなさそうな複数の単語を提示し，それらに共通してつなげられる別の 1 単語を当てるという課題である。例えば，"computer"，"pie"，"pine"という 3 単語につなげて別の単語になる，共通する 1 単語を考えてみて欲しい。これらの関連性の弱い，意味の遠い単語同士の共通点を探すことがこの問題のポイントである。このテストは英語だけでなく，日本人向けに漢字を用いて作成されたものもある（寺井・三輪・浅見, 2013; 織田・服部・西田, 2018）。なお，先ほどの問題の答えは "apple" である。

実験の結果，Leung は箱の外で考える群は箱の中で考える群よりも好成績になったという結果を報告している。この結果が得られた機序として，「閉塞的な箱の外で考える」というその状況から，「型にはまらずに考える（"think outside the box"）」という態度が誘導されたと考察されている。

3.1.2　作業環境の乱雑さ

広さ以外の要因については，逸話的には優れた起業家や発明家，科学者の机上や部屋が乱雑としているといったことが知られている。例えば，アインシュタインやアラン・チューリング，近年ではスティーブ・ジョブズの作業場は乱雑としていたそうである。しかし，こうした少数の目立った人物の事例のみで環境の乱雑さの影響を決めつけてしまうのは早まった考えだろう。実際に環境の乱雑さと思考への影響を検討したものとして，Vohs, Redden & Rahinel（2013）は書類などが机上に置いてある乱雑とした状態の作業環境と，机上に不必要なもののない整然とした状態の作業環境とで，課題への反応の違いを比較した。課題としては，架空の募金に対する寄附金額を決める課題と，創造性を測るテストが課された。なお，これらの作業部屋は相互に隣接しており，日当たりや騒音などの条件はほぼ同じとみなせる。

この調査の結果，整然とした作業環境の実験参加者は，乱雑な作業環境の実験参加者に比べてより多くの寄付を申し出た。その一方で，創造性を測るテストにおいては，乱雑とした作業環境にいた実験参加者の方が，整然とした環境にいた実験参加者よりも高い創造性を発揮した。

3.1.3　作業環境の騒々しさ

作業環境の影響については，視覚的な乱雑さだけでなく，聴覚的な乱雑さによる影響も検討されている。Mehta, Zhu & Cheema

(2012) は，さまざま騒音状況下でのアイデア生成課題の成績を比較し，適度な騒音がある状況下が最も好成績であったという結果を報告した。実験では事前に収録した自然な日常の生活音を流し，その状況下で RAT（3.1.1 節参照）を課した。実験参加者は 4 グループに分けられ，50 dB（デシベル），70 dB，85 dB で環境音が流れる条件と，騒音のない条件のいずれかに割り振られた。50 dB は家庭用クーラーの室外機や換気扇の動作音，静かなオフィス程度の騒々しさで，普通の声で付近の人と会話できる状況に相当する。70 dB はやや騒々しいオフィスやレストランなど，意識して声を大きく出さないと会話がしにくい状況に相当する。85 dB はパチンコ店内や救急車のサイレンが付近で鳴っている状況に相当し，相当努力して大きな声を出さないと付近の相手に声が届かない。なお，騒音のない条件での実験室の騒音レベルは平均 42 dB であった。これは図書館の静けさと同レベルとされている。

　直感的には，思考に集中するのであれば静かな環境が良いように思われるだろう。しかし，実験の結果では最も好成績だったのは 70 dB の騒音状況下であった。なお，85 dB や 50 dB，騒音のない条件の間には相互に差は見られなかった。この実験では騒音による気分の影響も確認しており，どの条件下でも気分には有意な違いは見られなかった。「うるさいからイライラして考えられなかった」，「にぎやかで気持ちが高揚し，退屈せず目が覚めて考えやすくなった」というわけではなさそうである。

　Mehta らは時間無制限でのアイデア生成課題を用いて再検討を行ったところ，85 dB の条件は 75 dB と 50 dB の条件に比べて有意にアイデア生成数が少なかった。また，アイデア生成を断念するまでの時間も 85 dB の条件は 75 dB と 50 dB の条件に比べて短かった。さらに，生成されたアイデアの創造性に対する第三者評価では，75 dB の条件が他の条件に比べて有意に高く評価された。

3.1　創造性を支える環境要因・外的資源　│　65

Mehta らは，なぜ適度な騒音が創造的思考を助けるのかという点について，騒々しさによって細かい（些末な）情報よりも全体的・抽象的な思考をするよう促されるのだと考察している。これまでの創造的問題解決の例でも，一部の目立った情報にこだわりすぎることで正解に到達しにくくなるケースが見られた。T パズルで五角形のくぼみを気にしてしまうことなどが好例だ。適度な騒音がそうした細かいことや具体的な情報へのこだわりから離れさせ，全体的・抽象的な思考をするように仕向ける効果を持っているというのである。これについても Mehta らは BIF（Behavioral Identification Form）という尺度（Vallacher & Wegner, 1987）を用いて，課題解決時に抽象的な考え方をしていたのか，または具体的な考え方をしていたのかを確認し，支持的な結果を得ている。とはいえ，実験では大きすぎる騒音でも成績が下がることが報告されている。騒音が大きくなると，その刺激に気を取られないよう注意力を割かなくてはならなくなる。そのため大きすぎる環境音のもとでは，抽象的思考が促されても注意力が不足してしまうというわけだ。

3.1.4　作業効率を左右するオブジェクト

これまでに挙げた研究では，作業環境の乱雑さや広さによる影響を検討したもので，整い過ぎている環境や静か過ぎる環境よりも乱雑な環境の方が，創造的な思考が促進されやすいことを報告している。しかし，ただ単に乱雑であればよいというわけではないだろう。作業環境の中にどのような物が置いてあるのか，置かれている物の内容次第でその影響が変わる場合もありうる。以下ではその点に関わる研究を幾つか紹介したい。

創造的思考を直接取り扱ったものではないが，Ward, Duke, Gneezy & Bos（2017）では，作業をしている際にスマートフォンの存在を感じるだけで私たちの作動記憶と流動性知能のパフォーマ

ンスが低下するという結果を報告している。Ward らの実験では，実験参加者は認知的処理能力を測るテストを実施する際に，次のような条件に分けてスマートフォンを置いておくよう指示され，その後のテストの成績が比べられた。その条件とは

　(1) 机上にスマートフォンを置いておく（高存在感条件）

　(2) ポケットやカバンにしまう（中存在感条件）

　(3) 別室に預ける（低存在感条件）

の三つであった。この実験の結果，最も成績が良かったのは (3) 低存在感条件であり，次いで (2) 中存在感条件，最も成績が悪かったのは (1) 高存在感条件であった。Ward らの研究では，スマートフォンの電源を落としてある場合も検討されており，電源のオン・オフによらず，スマートフォンが手元にあるだけで成績が低下したことを報告している。また，その妨害効果には個々人のスマートフォンへの依存度が影響していることも示されている。このことは単に不意の着信に気を取られたという注意の問題ではなく，依存しているスマートフォンが近くにあることが認知的能力に悪い影響を及ぼすことを示唆している。1.4.5 節では，ひらめきを起こすことに特化した心理的要因や能力，脳部位があるわけではないことを述べた。新奇な状況に対応する際に働くとされる流動性知能や作動記憶容量は，課題や作業の内容によらず機能する一般的な認知能力である。これらの知見は創造的思考においても再現される可能性が高い。

　一方，作業環境の脇に何気なく置いてある画像や映像が作業効率に良い影響を与える場合もある。山田・鈴木・福田（2011）は，データの転記という退屈ながら集中力を要する作業を実験参加者に課し，作業環境の脇に達成感のある様子の人物を映した画像が提示されている条件下と，そうでない条件下でのパフォーマンスを比較した。その結果，画像を提示されていた条件の方が，そうでない条

3.1　創造性を支える環境要因・外的資源　｜　67

件よりも作業効率が高かったことを報告している。

　これと同様に，Fukuda, Suzuki & Yamada（2012）は，「囚人のジレンマ」ゲームという二人で行うゲーム課題を実験参加者に課し，課題に取り組む際に付近に設置された別の PC 上に簡素なアニメーションを提示し，それによる課題への態度の変化を検討した。「囚人のジレンマ」ゲームとは，二人が信頼しあって協力的な行動をとることで両者が利得を得られる一方，一人が相手を裏切ると，その裏切った側はさらに大きな利得を得て，もう一方は損を被るというルールになっている。この課題の最中に，傍に設置された PC 上ではスクリーンセーバーとして図 3.1 のような○や△などの単純な図形が，あるパターンの移動をしているアニメーションが提示される。そのアニメーションは，私たちに備わる動きから意図性を検出する能力に関する研究（Heider & Simmel, 1944）で用いられたものと同様のもので，○や△が意思をもって協力し合ったり，競い合ったりしているような，ストーリー性が感じ取れる動きになっていた。

　こうした作業環境の中で囚人のジレンマゲームを行ったところ，スクリーンセーバーのアニメーションが協力的な様子のものであった場合，実験参加者は囚人のジレンマゲームでも協力的な行動を選びやすくなるという結果が見られた。これらの報告の興味深い点は，実験参加者の事後報告では，実験で行われた操作にはまったく気づかず，自身の行動の原因を実験参加者なりに別の要因にこじつけていたことである。

　これらの研究の背後にあるのは「目標伝染」（Aarts, Gollwitzer & Hassin, 2004）と呼ばれる現象である。私たちは意識せずに周囲で行動する人物の目標を推察し，それによって自身の行動も変えてしまう。読者の皆さんも，経験的に行事やイベントなどが自分の周りで進められると，最初は関心が低かったのに自分もその雰囲気に

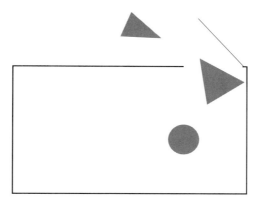

図 3.1 意図性が込められた図の例。無意味な図形であるはずだが，見る者には三角や丸が登場人物のような印象を与える。

感化されてやる気になってしまうことはないだろうか。まさにやる気は周囲の他者から伝染するというのである。

　周囲に他人の目があることによってやる気を維持できることは，社会心理学では社会的促進という現象として知られているが，目標伝染の研究からは，他者の存在が，行動の内容や目標にまで影響が及んでいることがわかる。単に他人の目があるから手抜きできない，はりきりたいというだけでなく，周囲が何を目指して行動しているのかという，目標まで推察した上で感化されてしまう。

3.1.5　開放的な環境の効果

　目標伝染に付随して，教育場面から学習環境に関する実践例を一つ紹介したい。図 3.2（下）は公立はこだて未来大学のキャンパス内にある大空間「スタジオ」の風景である。写真のように，間仕切りの少ない開放的な空間である点が特徴だ。間仕切りをしている場所もあるが，その多くは自由に位置を変えられる衝立や，中の様子が見えるガラスになっている。見通しを良くし，周囲の仲間や教

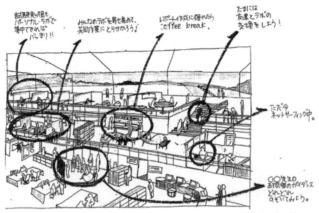

図 3.2 （上）公立はこだて未来大学「スタジオ」の構想図（山本理顕設計工場より提供），（下）実際の「スタジオ」の光景（公立はこだて未来大学より提供，https://www.fun.ac.jp/about/openspace_openmind/facilities/）

員たちが勉学や研究に励んでいる様子が見えることで，相互の一体感を高め，お互いの活動を相互に参照し合うことができるというのがこうした環境づくりの狙いである。また，教室を部屋として区切らないことで，キャンパス内を何気なく歩いている間に勉学や研究のヒントになりそうな会話が漏れ聞こえたり，新しく興味関心をかきたてる話題に偶然出会ったりすることもあるだろう。

　また近年，大学などの教育機関では，「ラーニングコモンズ」と呼ばれる施設が導入されているところも多く見られる。このラーニングコモンズとは，図書館，情報センター，会議室などの機能を備えた総合的な共同学習環境を指す。一部のラーニングコモンズでは，飲食のできる軽食堂や外国語学習用のラウンジを備えているものもある。通常，図書館といえば静かに過ごすのがルールであり，大学の中の図書館ともなると，むしろ個人で勉強するための机や間仕切りが用意されているように思えるが，ラーニングコモンズはそうしたイメージに反し，見通しの良い開かれたスペースで，雑談や飲食をしながらグループで調査や議論することを促している。

　公立はこだて未来大学の「スタジオ」やラーニングコモンズは，周囲の見通しを良くし，静粛な空間であることにこだわらない点が共通している。見通しを良くすることで周囲が努力する姿を目にし，目標伝染が生じる可能性もあるだろう。さらに 3.1.1 節で述べた，枠にとらわれない思考を促すことも期待できる。また，漏れ聞こえてくる会話や議論は，創造性にとって適度な騒音として影響するかもしれない。

3.2　創造的思考を助ける外化

　前節では騒音や空間の広がり，乱雑さなど，作業する場のあり方についての知見を中心に紹介した。創造的思考を助ける外的資源はそうした作業空間だけに限らない。そのときに与えられた材料

や道具といった物の助けを受けることも少なくない。例えば、私たちは複雑なことや多くの手順を必要とすることを考え、実行するときは、たいてい何らかの道具に頼る。たくさんの買い物をするときはメモしてから出かけるだろうし、複雑な計算をするときは暗算ではなく筆算をするだろう。また同僚とスケジュールを調整するときは手帳やスマートフォンのメモ帳に書きこむ人も多いはずだ。ここで挙げた例は備忘録や記憶補助という形で外部の道具に頼っている例で、すでにある情報を失わないように保持するための外的資源の利用といえる。こうした外的資源の利用は記憶補助としてだけでなく、新しいアイデアを着想するといった創造的な活動にも寄与する。

　Suwa, Purcell & Gero（1988）は、建築デザイナーが行うスケッチに着目した観察から、スケッチという作業が創造性にもたらす効果を指摘した。デザイナーにとってのスケッチは、自分のアイデアを視覚的に見直し、捉え直すためのきっかけを作る役割を持っている。建築物のデザインには予め決まった一つの正解というものはない。そのため、自分のアイデアをさまざまな角度から見直し、より良いアイデアを再探索、再発見するということが求められる。こうした活動において、自分のアイデアを視覚的に見直しやすくスケッチすることは、アイデアの再探索や再解釈にも有効に機能する。また、Goldschmidt（1991）は、デザイナーが描くスケッチが曖昧なものであり、その曖昧さゆえに、再解釈やそれによる、描いた本人すら意図していなかった新たな側面の気づきを促すことを明らかにした。

　こうした再解釈や「意図しなかった発見」はどうして起きるのだろうか。Suwa らは一連の研究から、スケッチすることにより、描かれた要素の視覚的特徴や要素間の位置関係や間を知覚的（この場合は視覚）に発見することができ、それによってアイデアが生み出

されるとした。また，そうした発見や気づきを得た後でスケッチを見直すと，それまでとはまた違った見方でスケッチに着眼でき，さらなる再発見のきっかけにもなりうる。Suwa らはこうした外的な手がかりから，意図しなかった知覚的特徴を発見する行為と，知覚した特徴に意味づけする行為を支える「構成的知覚」がさまざまな領域の創造的活動にとって重要だとしている。実際，Suwa らはプロのデザイナーといったデザインの熟達者やデザインを学ぶ学生，それ以外の仕事に従事するオフィスワーカーやデザイン以外の領域で学ぶ学生に対して曖昧図形の解釈を課す実験的検討を行い，プロのデザイナーは他のグループより曖昧図形に対する解釈の生成数が多いことを明らかにした。

　もう一つ，外的な手がかりが創造的活動に寄与する例を紹介したい。次に紹介するのは画家の創作過程を扱った研究である。Yokochi & Okada（2005）では，観衆が描き入れた線を基にして水墨画家が創作を展開していく様子を観察した。絵画というと，素人目には真っ白なキャンバスに最初から最後まで画家が描画・着色していくものと素朴に考えてしまうかもしれない。しかし，この研究で取り上げられた水墨画家は，聴衆などの第三者に予め無作為に線を描き入れてもらった状態から創作を行うという手法をとる。予め線を書き入れる第三者は水墨画家の意図を汲むとは限らないどころか，画家ですらないこともありうる。そうした第三者の描いた線を利用して描画を進めていくのである。この水墨画家に，実験者が線を描き入れたふすまに水墨画を描く条件と，何も描かれていないふすまに水墨画を描く条件の二つの条件下で，同じテーマの水墨画を描くよう依頼し，その過程を観察した。

　予め線が描き入れられた条件では，そうでない条件とは創作過程が大きく異なり，描画に掛かる時間や描画動作の回数が増加した。これに加え，第三者による描画を創作のきっかけや手がかり，制約

3.2　創造的思考を助ける外化　｜　73

として利用していることも明らかになった。水墨画家への事後インタビューでは，第三者による描画がある方が創作へのモチベーションも高く，自分以外の第三者との協同活動として創作を楽しんでいる様子も報告されている。描かれた作品の第三者評価も行ったところ，第三者の描画をもとにした作品の方が，通常の方法で描画した作品よりも，ダイナミックで生き生きとした作品と評価されていた。

　これらの報告からは，観衆によって書き加えられた描画が画家に描画スタイルの変化のきっかけをもたらすことを明らかにしており，第三者が環境に残した痕跡が新しい創作の手がかりを生み出しているという点で，創造的活動が環境からも支えられていることを示唆している。

　ここまでの研究では，デザインという予め答えが決まっていない創造的思考をターゲットにしていた。では，一つの決まった解決法を発見するような問題でも図解やスケッチとして外化することは有効だろうか。それについては一つ良い問題があるので紹介したい。Make15 ゲームと呼ばれる対戦型ゲームである。

　このゲームは二人一組で行うもので，先攻と後攻に分かれてそれぞれ交互に 1 から 9 までのいずれかの数字を一つ選んで言っていく。相手がすでに使った数字を使うことはできない。そうして先に合計が 15 になる三つの数の組み合わせを作った方が勝ちというルールだ。もし近くに対戦相手になってくれる人がいれば試していただきたいが，このゲームは頭を酷使する。15 になる組み合わせを探す計算の労力がある上に，相手が使った数字も覚えておかなくてはならない。自分が使おうと思っていた数字を相手に先に使われたらパニックになるかもしれない。

　このゲームを劇的に有利に進める道具がある。それは「魔方陣」だ。魔方陣とは，どの行，どの列，どの対角線上の数値の合計も同

6	7	2
1	5	9
8	3	4

図 3.3 魔方陣

じ数になるよう並べられた行列で，特に行列の要素を 1 から行列の総要素数までの数を一つずつ重複なく使った場合をいう。魔方陣を見ながらであれば，数字を覚えておく必要はなくなる。これにより記憶負荷を軽くし，相手との駆け引きに集中しやすくなる。これは図による記憶補助の恩恵だ。しかし実は，魔方陣という図解の真の効果はそこではない。図 3.3 の魔方陣を見れば気づくかもしれないが，この Make15 ゲームは 1.3 節で取り上げた三目並べ（○×ゲーム）とまったく同じ構造をしたゲームである。そうすると○×ゲームと同様の攻略法が適用でき，つまり先手必勝であることもすぐにわかるだろう。行列という位置関係をもった構造として視覚的に見直すことで，○×ゲームと同型の問題という気づきが容易に叶う。このゲーム自体は洞察や創造性を要する問題というわけではないが，この例から図式化による問題の新しい側面の発見を体感してもらえたのではないだろうか。

　先に紹介した Make15 ゲームは，実態は三目並べという計画的に解決できる問題であり，問題そのものには洞察やひらめき，創造性を要する側面がないように思われたかもしれない。そこで，

3.2 創造的思考を助ける外化 ｜ 75

山崎・三輪（2001）による洞察的な気づきを要する文章題を用いた研究も紹介する。洞察的な気づきを要する文章題とはどのような問題なのか。山崎らは以下に示す「100円問題」（原題 "Thirty-dollar room"（Isaak & Just, 1995））を題材に用いた。この問題が初見の人はぜひ一読して解決に挑んでほしい。

「ある日，一郎，二郎，三郎の三人兄弟が商店街へ行きました。三人はおもちゃ屋さんでゲームを買うことにして，一人500円ずつ，合計1500円を店員に渡しました。(A)店員が奥の主人に1500円を渡すと，主人は「このゲームは少し古いから500円まけてやりなさい」と言い，店員に100円玉5枚を渡しました。店員は偶然遊びにきていた自分の甥っ子の太郎くんにそのうちの200円をお小遣いとしてあげてしまい，残りの300円を割引分として三人の兄弟に渡しました。
　(B)三人は結局一人400円ずつ出したことになるので合計1200円，(C)店員がネコババしたのが200円，(D)これを合わせると1400円です。はじめに三人が1500円出したのに，あと100円はどこにいってしまったのでしょうか」

　長文の問題で難解だと感じた人も多いと思うが，実際にこの問題を初見ですぐに解決できる人はまれで，「なんとなくおかしい」という違和感があっても，その原因を明確に説明することは難しい。この問題の解は，最後の一文の問いに素直に答えることではなく，そもそもの問題文中の矛盾を指摘することにある。ゲームソフトは主人が値引きをしたため，そもそも1000円の価値しかない（下線部A）。一方，その値引きされた商品に対し，兄弟は最終的には三人で1200円を出したことになる（下線部B）。よって200円が余るわけだが，それを店員がネコババしてしまっている（下線部

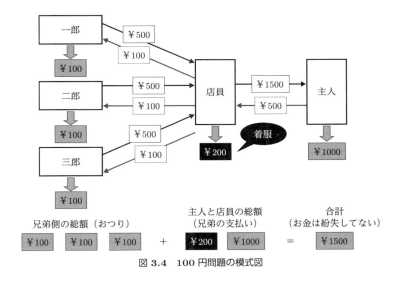

図 3.4　100 円問題の模式図

C)。単純化すれば，1000 円の商品に兄弟が 1200 円を払い，お釣りの 200 円を店員がちょろまかした，というのが真相だ。つまり，お金の行方自体は何も問題がないはずだが，問題文では兄弟の支払い金額 1200 円と，その中から代金 1000 円を引いた余剰となる 200 円をさらに合算する記述がある（下線部 D）。実は，この記述が間違っており，そもそも 100 円の紛失は起きていない（1200 円の中にはネコババした 200 円が含まれている）というのが一つの解答例となる。

　このように文章で解答を示してみたものの，読者にはまだ釈然としないという人もいるだろう。こうしたときにこそ図による外化が役に立つ（参考として図 3.4 に例を示す）。山崎らの実験では，メモ欄に作図をすることを許可した群と，禁じた群とで問題解決の様子を比較し，作図をした群の方が，問題解決の鍵となる点（支払い金額 1200 円と着服した 200 円の包含関係）に言及しやすいことを

報告している。こうした違いがどうして生じたのか，山崎らは実験参加者の発話プロトコルデータを詳細に検討した。その結果，作図をした群は問題文の構造や順序にこだわらず，問題中の情報同士を関連付けていたこと，また問題文から手がかりとなる情報を生み出せていたことが明らかになった。

　文章は説明や記述に順序があるため，この100円問題のような長文の問題では，次々に教示される情報と，すでに得た情報を整理しながら理解する必要がある。長くなればそれだけ序盤に与えられた情報を覚えておくのは難しくなり，情報の整理がしづらくなる。しかし，図解することで，そうした文章の順序には影響されず，視覚的に問題中の情報同士を結びつけることができる。視覚というチャンネルを通して，問題をより多様な角度から見直すことができるというわけである。

3.3　外化としての言語化

　3.2節に紹介したSuwaらの研究は，建築デザインという図的なアイデアを生み出すためにスケッチという図での外化を行ったものであった。続いて紹介した山崎らが行った研究は，難解な文章題を図で外化したケースを扱ったものであった。これらはいずれも図解という形で外化する試みであった。しかし，私たちが自身の思考を外部に見える形で残すという手段としては，言葉で考えたことを文章で書き残す，つまり言語化することの方が多いだろう。そう考えると，言語化も外化の手段に含まれるはずである。日常でも日記やメモ，議事録の形で考えたことや話し合ったことを言葉で綴ることは頻繁に行われる。こうした活動は創造的思考を助けるのだろうか。

　創造的な思考やアイデアを言葉として残すことに関しては，促進的な効果を報告するものと，妨害的な効果を報告するものの両方が

78　　第3章　創造的思考を助ける外的資源と外化

存在する。妨害的な効果として知られているのが「言語隠蔽効果」である。人の顔などの言語的ではない情報を覚える際に，覚える対象を言葉で表現してしまうと，その後にその記憶が正確に思い出せなくなってしまうという現象だ。

　人の顔の記憶だけでなく，創造的思考のような，答えが見つかりそうだけれども明確に言葉にしにくい状態においても，無理に言葉にしようとすることでかえって答えが見つかりにくくなるという場合がある。Schooler, Ohlsson & Brooks（1993）は，洞察問題解決時の言語化の効果について実験をしており，問題を解く最中に中断して考えを言語化させる条件や，問題を解きながら考えていることを言語化させる条件を検討し，いずれにおいても妨害的な影響が見られたことを報告している。

　これに関連して，創造性に直結した研究ではないが，視覚的な情報を言葉として表現してしまうことが，その後の情報を歪めてしまう場合もある。Carmichael, Hogan & Walter（1932）は，後で記憶テストをすると教示した上で抽象的な図形を提示した。このとき実験参加者を二つの群に分け，それぞれに異なるキャプション（手がかり語）を添えて同じ図形を提示した。例えば，図 3.5 上段のような図形に対し，一方の群には「鉄アレイ」，もう一方の群には「めがね」という語を添えて提示した。その後，提示された図形を思い出して描画するよう課したところ，それぞれの群が描いた図形は，記憶時に添えられた語に近い形状に歪められて描かれるようになった。

　図の記憶だけに限らず，出来事や経験についての記憶も言葉によって大きく歪められることがある。その典型的な例は Loftus & Palmer（1974）による目撃証言の研究である。Loftus らは自動車事故のビデオを実験参加者に見せた後，事故現場に関する質問を行った。この時，ある一群には「自動車が<u>激突した</u>とき，車はどの

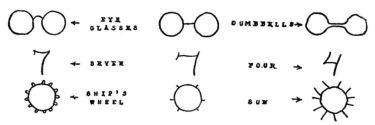

図 3.5 Charmichael（1932）の実験結果の一例。中央が提示された図形，左右が再生された描画である。

くらいの速度で走っていましたか」（下線は筆者によるもの）という質問を行い，別の群には，質問の冒頭部分の記述を「自動車がぶつかったとき」に変更した質問を行った。また，統制条件としてこの質問自体をしていない群も設けられた。すると，「激突した」という表現が含まれた質問をされた群は，「ぶつかった」という表現で問われた群よりも，車の速度を高く答えた。さらに，その 1 週間後に行われた事後質問では，「割れたガラスを見ましたか」という質問をしたところ，「激突した」という表現の質問を受けた群は，それ以外の群よりも高い割合で「はい」と回答した。実際の映像にはガラスの破片などは映っていなかったのだが，それにもかかわらず割れたガラスを見たと答えていたのである。

　これらの知見からわかることは，私たちの持つ知識や記憶は想像以上に繊細で，ちょっとした言語表現一つで歪んでしまうということである。具体的になっていない段階のアイデアを言葉にしようとすることで，本来の着想とは違う形になってしまう可能性もありうる。ただし，このこと自体は創造性を阻害するとも言い切れない点もある。これについては次節で触れる。

3.4　言語化は創造性の敵か味方か

　前節では，創造的思考をする際に言語として考えていることを残

すことには，アイデアを歪めてしまう危険をはらんでいると述べた。ただし，言語化すること自体は，自身の認知状態を振り返る上では有効だとされる事例も報告されている。創造性を扱ったものではないが，教育場面では，学習した内容を他者に教えるつもりで説明するよう促すと，自身の理解度が把握しやすくなることが知られており，これは Learning by Teaching と呼ばれている。

他者にわかりやすく教えるには，学んだことの要点をつかんでいなくてはならない。自身でよく理解できていないことを，他者にわかるように教えることは難しいだろう。これは見方を変えて言えば，説明しようとすることで自分の理解が及んでいる点とそうでない点を明確にでき，自身の理解状況を整理し直す契機になることを示唆している。

また，一口に言語化といっても，その目的によって効果が違う可能性もあろう。スポーツの実況解説のように，自分の見聞きしたこと，考えたことを忠実に報告することもあれば，先に述べた Learning by Teaching のように，後で振り返って改善するための反省的な内容に特化して報告することもあるだろう。Schooler らの研究で行った言語化は，前者のような実況報告的な言語化が行われていた。しかし，Kiyokawa & Nagayama（2007）では，言語化の仕方を「このように解いていてはいけないのではないか」というダメ出しや反省的な観点で言語化することで，解決が促進されることが示されている。

Kiyokawa らの実験では，先に紹介した T パズルを題材に用いて，最初の 5 分間で試行錯誤した後に，他者にアドバイスするつもりで「こうやっていては解けないだろう」という点を言語化するよう教示した。また，比較対象として同じタイミングで課題とは関係のない言語化（大学での勉強内容を説明する）を課した条件も設けた。その結果，反省的な言語化をした条件では促進的な効果が見

3.4 言語化は創造性の敵か味方か | 81

られた。それまでの研究で行われたような，今考えていることを実況するような言語化をしてしまうと，言語化した側面にばかり注意が向いてしまい，問題を広く多角的に捉え直すことが難しくなる。しかし，「こうやってはいけないだろう」というダメ出しをすることで，言語化した内容以外の考え方や可能性を探そうとする。これにより，広範囲で発散的な思考が促され，解の発見がしやすくなると考えられる。過去の失敗や反省からアイデアの探し方を広げるという方法の有効性は，計算機モデルによるシミュレーションでも支持的な結果が報告されており（和嶋・阿部・中川，2008），反省的な言語化ならば，創造的な思考が促進されるといえるだろう。

　前節では Carmichael ら（1932）や Loftus & Palmer（1974）の知見から，言語化することが元々の記憶や知識を歪めてしまうことを問題点として挙げた。言語は見聞きした体験や知識を後に残す手段として有効だが，「筆舌に尽くしがたい」という言葉のとおり，言葉は私たちの豊かな体験，経験を完全には捉えきれない。言葉にすることで省略されたり，捨象されたりしてしまう情報もある。松下電器産業創業者の松下幸之助の言葉に，「百聞は一験にしかず」というものがある（松下，2001）。これは誤字ではなく，塩の辛さや砂糖の甘さは体験をして初めて本質を実感できるという意味を込めた当て字である。この言葉からも，体験しなければ拾いきれない情報が多分に含まれていることが示唆されている。

　しかし，思考を言葉にすることは，必ずしも情報の切り捨てや捨象ばかりではないことを諏訪（2018）は指摘している。確かに自分の思考を完全に忠実に表現した言葉や文を見つけることは難しい。しかし，私たちはそのような場合でも擬音語や擬態語といったオノマトペや比喩表現を使って，自分の思考を表現する工夫をすることがある。さらに私たちはそうして作り出した言葉をきっかけに他の表現やキーワードの連想，言い換えを始めることもできる。こ

うした連想の中から，新しい着眼点のきっかけを作るような言葉が見つかる場合もある。確かに言語化は思考を歪めてしまうかもしれないが，その歪みが思いがけない発想の飛躍になるかもしれないのである。

　また，私たちの思考，特にふとした気づきや直感は突発的な上に，（だからこそ）一瞬で過ぎ去ってしまうような利那的なものになりがちだ。それを言葉という記録可能な情報にすることで，後から気づきを振り返ることができる。ふとした気づきやアイデアの着想を忘れないうちにメモに残すと，時間をおいてからメモを見直したときに，自分で書いたメモにもかかわらず，思いがけない感動や疑問がわいてくるといった経験はないだろうか。筆者も書類の整理などをしていると，拙い字のメモ書きが入った論文や研究資料に出会うことがあり，「あんな昔からこんなことに気づいていたのか」と自画自賛することもあれば，指導教員が重要なヒントを示していたにもかかわらず，真意をくみ取れずにとんちんかんなメモを残しているのを見つけて赤面することもある。長い年月を経てメモを見直す自分は，書き残した当時の自分とは背景知識も関心の幅も変わっている。当時とはもはや別人となった自分が，過去の自分の気づきを改めて見直し，ひらめきの契機を得ることができるのは，記録として残せる言語化のおかげだろう。ひらめきを要するパズルのような短期間での問題解決においては，言語化は思考を焦点化し，妨害的な作用をすることもあるだろう。しかし，長期間のアイデア探索をするような場合には，言語化による時間をおいた思考の見直しが，ひらめきの契機を生むこともある。

3.5　環境・外的資源に支えられた創造性

　本章では，創造性を左右する環境の要因についての知見を紹介してきた。第1章でも機会論的アプローチとして，ひらめきに対

する外部の手がかりの重要性を述べた。確かに周囲の環境，広さや騒々しさ，乱雑さなどは，私たちの注意力を左右し，創造的思考を左右しうる。また，環境がもたらす影響は集中力だけに限らない。私たちは環境から情報や手がかりを受け取るばかりでなく，頭に浮かぶアイデアや思考の断片を図や言葉として外化することもできる。

　図にすることで言葉では表しきれない情報を表現できたり，描き出した情報の空間的な配置によって思考を整理できたり，情報同士の意外な関連性に気づけたりすることもある。その一方で言語化もまた，自分の綴った言葉を時間を置いて自ら振り返ることで，綴ったときには見落としていたことや，自分の考えの整理が不十分な部分を見直すことができる。時には着想していたアイデアを歪めてしまう恐れもあるが，その歪みが過去の自分にはなかった新しい着想のヒントにもなり得る。

　外化によって見直すことが思考の整理につながると述べたが，外化によって恩恵を受けるのは自分だけにとどまらない。外化することで他者にも伝わり，アイデアや情報を共有することもできるようになる。もちろん，そのアイデアは言語や図を用いても完全に正確に伝わることはないだろう。しかし，そうした他者とのアイデアと情報の共有から生じる意見の違いが新しい問題解決への視点を生み，発見のきっかけになることもある。次章では，他者との協同による効果について取り上げ，外的資源としての他者の役割について考察する。

第4章 外的資源としての他者

　前章では，創造的思考を助ける外的資源として，騒音や作業室の乱雑さといった環境による効果や，創造的思考を行う主体が書き残す図や言葉などの外化による効果について触れた。これらの研究はいずれも個人が創造的思考を行うケースを中心に扱ったものであったが，私たちにとってこれらに並んで重要だと考えられる外的要因に「他者」がある。先に紹介した Kiyokawa & Nakayama（2007）による言語化の効果に関する研究では，「他者にアドバイスするつもり」で反省的言語化を促していた。この教示は，言語化にあたって他者との協同を想定しているという点でも大きな意味がある。

　創造性や創作活動というと，やはり孤高の天才が行っていくような印象を持つ読者もいるかもしれない。しかし，「三人寄れば文殊の知恵」という言葉もあるように，実際には創作活動はもとより，それ以外の人間の知的活動においても，何らかの形で他者の助けを借りることが多い。この言葉のとおり，他者との協同は有効であるのか否か，4.1 節では関連する知見を紹介していく。4.2 節では協同場面における他者の線引きに関わる研究を紹介する。実際にその場に複数の協同作業者がいなくてはならないのか，他者が関わってさえいればその場にいなくてもよいのか，協同という活動にとってどの程度の関わりが求められるのか，これらに関わる研究を 4.2 節

で紹介する。4.3 節では私たちの想像力が作り出す他者の存在感について触れる。私たちは他人の目に敏感であり，時にはその場に誰もいなくても人の気配を感じることすらある。人は時に，協同する他者すら自分で想像（創造）することができてしまう。4.4 節ではこれらの知見を振り返り，私たちは自分一人でも創造性を発揮できるのかどうかを議論する。

　認知科学では個々人の中で生じる認知的活動や心的処理だけではなく，集団で活動する際に生じる人間行動の説明に取り組む研究も積極的に行われている。創造性を要する問題解決の場面でも，協同問題解決の研究として蓄積があるのでここで触れておこう。

4.1　「三人寄れば文殊の知恵」は本当か

　集団によって発揮される創造性に関しては，同じ問題を複数名で解決する協同問題解決の研究に多くの知見の蓄積がある。清河・伊澤・植田（2007）による一連の研究では，先に紹介した T パズルを複数名で協同して解決する場合と個々人で解決した場合との違いを心理学実験によって比較検討した。

　清河らが実施した実験では，一人でパズルを解く個人条件と，一定時間の試行錯誤を行い，その後ビデオカメラで記録された自分の試行錯誤の映像を観察するという手続きを繰り返しながら解く自己観察条件，二人一組のペアで，一定時間の試行錯誤の後，パートナーと交代し，パートナーの試行錯誤を観察するという他者観察条件の三つの条件を設けた。その結果，他者観察条件は個人条件より解決成績が優れていたのに対し，自己観察条件には促進的な効果は見られなかった。

　では，こうした他者の試行を観察することにはどのような効果があったのだろうか。考えられることの一つとしては，自分とは異なる立場や視点を持った他者が，同じ問題を別の観点から再解釈する

86　│　第 4 章　外的資源としての他者

役割を果たしたという可能性が挙げられる。パートナーとの制約の強さの違いによって、自分では気づけなかった制約の外の試行を観察できたと考えられる。逆に、自己観察をした群は、自分がそれまでに行った誤った試行を観察してしまうので、その誤りにばかり注意が向いてしまい、他の解き方を検討しようという発想が生じにくくなったのだろう。

清河らによる実験は、他者の試行を観察するものだったが、他者との協同では相手とのコミュニケーションも重要になるだろう。パートナーとのやり取りについては、Okada & Simon（1997）が科学的発見課題を用いて検討を行っている。この研究では、一人で解決する場合と二人一組で解決する場合の違いを比較し、二人一組の方が好成績であることを報告している。その要因として、二者間での対立仮説の出し合いや、パートナーに対し自身の仮説の根拠を説明するなどの活動が有効に働いたことを指摘している。

他者との協同の恩恵には、こうした自身とは異なる視点で問題を多角的に捉え直してくれることにある。この点については、林・三輪・森田（2007）が巧みな実験課題を用いて検討している。林らの用いた実験課題は、二人一組の実験参加者にランダムに白黒に着色されたマス目を提示し、マス目のまとまりの総数の規則性を答えさせるというものである。例えば、図 4.1 左下にあるマス目には白のブロックのまとまりが 6 個、黒のブロックのまとまりが 4 個ある。ブロックのまとまりの総数は白黒合わせて 10 個ということになる。

この実験の巧みなところは、同じマス目の画像を提示しているが、実験参加者によって背景色の白地と黒地を反転することで、同じマス目を異なる見方で見てしまうように操作した点にある。白地を提示された実験参加者には黒のブロックのまとまりが四つあるようにしか見えず（図 4.1 右下）、黒地を提示された実験参加者に

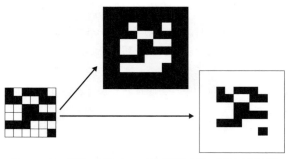

図 4.1 林・三輪・森田（2007）の実験で用いられた視覚刺激

は逆に白のブロックのまとまりが六つあるようにしか見えない（図4.1 中央）。

　こうした方法で画像を多数提示するが，最初の 12 試行までは白地でも黒地でもまとまりの数が同数に見えるパターンだけを提示した。この 12 試行の狙いは，最初に実験参加者のペアに誤った法則性を印象づけるためであった。こうすることで，両者が目にする情報に齟齬が生じにくくなる。同じ画像を違う背景で見ていることに気づきにくくすることに加えて，看破すべき真の規則性は，「白黒のまとまりの総数が 2 ずつ増えていく」というものであるが，背景色の効果により白と黒の両方のまとまりに着眼するという発想も得にくくなる。なお，この段階では多くの実験参加者にとって白か黒の一方しか着眼できないため，「まとまりの総数が 1 ずつ増えていく」という誤った法則性を考えることになる。13 試行以降は，図 4.1 のように白地と黒地で見えるまとまりの数に差ができるようなパターンを提示した。すると，お互いの報告の間に食い違いが生じ，それまでに考えていた「まとまりの総数が 1 ずつ増えていく」という説の見直しが迫られる。

　林らはそこから正しい規則性を発見できるペアとそうでないペ

アについて，幾つかの実験操作を加えてコミュニケーションの内容を比較検討した。一つは課題の前にペアで協同作業を行い，コミュニケーションの事前経験を得た場合とそうでない場合での比較である。これについてはやはり事前にペア間の協同作業経験がある方が解決しやすいという結果になった。もう一つはコミュニケーションの方法である。この実験ではペア間で発言し合うことが許されているが，その手段として口頭（音声）で行う条件と，文字（チャット）で行う条件を設け，両者の解決成績を比較した。結果は口頭での対話の方がチャットの場合よりも優れるという結果になった。さらに発話内容を詳しく分析すると，事前のコミュニケーション経験を有するペアの方が，パートナーの視点と自分の視点とのバランスをとった発話をしやすいことも明らかにしている。事前のコミュニケーションを契機に，ペアの相互が相手の視点に立った発話を心がける態度を形成したと考えられる。

　ここまでで紹介した研究からは，協同する相手がいることで，自分が考えている解決法とは異なる視点や意見に触れることができることや，相手の視点を意識した発話を行おうという態度が形成され，それにより多角的に問題を捉え直そうとすることが示唆される。3.2 節で紹介した諏訪らの研究では，情報の再解釈の契機を生むものとして外化の重要性が指摘されていたが，他者との協同のための発話は，まさに自分以外の視点からの再解釈を伴う外化を促すものとなりうる。

4.2　協同する他者は実在しなくてもよいか

　前章では創造的思考を助ける外的要因の一つとして，協同で問題解決に従事する他者の存在を挙げた。他者との協同による主な恩恵としては，自分では制約に縛られて着想できなかったアイデアに触れる機会があること，他者を意識しながらの外化が，自身の思考を

多角的に見直し，再解釈の契機を生むことなどが挙げられる。しかし，これらの効果は果たして協同する相手がその場にいる必要はあるだろうか。他者とのコミュニケーションは有効であることに疑いの余地はないが，一人で問題解決に臨んだとしても，他者の目を意識するだけで協同の恩恵に類する効果が得られる場合がある。本節ではそういった知見について紹介したい。

4.2.1　「人の振り（だと思って）見て我が振り（見）直せ」

まず，協同の恩恵の一つである，自分とは違った視点や着眼点から問題を多角的に捉える契機を与えてくれるという点について，小寺・清河・足利・植田（2011）が興味深い実験を行っている。前節で紹介したTパズルの協同問題解決過程を扱った研究も彼女らによるものであるが，そこでは二人一組で交互に試行錯誤して互いの様子を観察しながら問題解決をする場合と，自身の試行錯誤を録画したものを見直しながら問題解決する場合とを比較するものであった。これから紹介する小寺らの実験では，しばらく時間をおいた自身の試行を，協同する他者の試行として観察した場合の効果を検討したものである。

実験の手順は，先に紹介した協同問題解決の研究と同様に，30秒の試行と30秒のビデオ観察を繰り返した。実験参加者は，個人で解く個人条件，二人一組で30秒ずつ交代しながら試行と相手の観察を行う他者観察条件，ビデオ観察時に90秒前の自分の試行を「自分の試行」と教示されて観察する自己観察条件に加えて，同じ映像を「他者の試行」と教示されて観察する偽他者観察条件を設けてある。

これらの条件間で解決成績を比較してみると，自己観察条件はそれ以外の条件に比べて自力解決者の割合が少ないという結果になった。特に，自己観察条件では五角形ピースの水平垂直配置の減少

が見られず，対象レベル制約の緩和が進んでいなかった。これは前節でも触れたとおり，自分の試行を見直してしまうことで，その誤った試行に注意が向いてしまい，他の解き方を探そうとする態度が生じにくくなったものと考えられる。それに対して偽他者観察条件は，同じ映像を見直しているにもかかわらず，他者の試行と思って観察することによってこうした妨害的な効果が解消された。

4.2.2 「人の成績見て我が振り直せ」

他者を意識することで創造的な問題解決が促進される例をもう一つ紹介する。有賀（2013）は他者の解決成績の情報を事前に教示することで，解決成績に影響が及ぶことを実験によって示している。実験ではTパズルを解くよう実験参加者に教示する。このとき実験参加者を三つのグループに分け，一つを「他の実験参加者は5分で解いているパズル」として説明する5分条件，もう一つを「他の実験参加者は20分で解いているパズル」として説明する20分条件，そして特に事前の解決成績情報を示さない統制条件のいずれかに割り振った。すると，5分条件では制限時間内で解決できなかった実験参加者の数が少なく，20分条件では多いという結果が得られた。なお，他の先行研究でよく用いられる解決成績の指標として平均解決時間があるが，この実験では平均解決時間には条件間の差は見られなかった。このことは，他者の成績情報の効果はもともと早く解ける人にとっては軽微なものであるが，制限時間以内に解けるかどうかが厳しい状態の人にとっては，有効なものであることを示唆している。

なぜ他者の成績情報を知ることが，促進的な効果をもたらすのだろうか。有賀はこの効果について，社会心理学において唱えられている「社会的比較理論（Festinger, 1954）」から説明を加えている。私たちは予め明確な物事の判断基準を持っていないとき，他者

の判断や傾向を判断基準に用いようとしてしまう。「人の振り見て我が振り直せ」,「郷に入れば郷に従え」という言葉もあるように,私たちは何気なく周囲の人々の判断を参照する。洞察問題もまたMetcalfe の知見でも述べたように,自分自身では正解にどの程度近づいているのかを自覚的に把握することが難しい。そうしたときに他者の解決成績情報が与えられることで,自分の解決方法の見直す契機としたのだろう。実際にはこのTパズルを初見で自力解決することは難しく,先行研究の多くでも報告されているが,いきなり5分で解に至ることはまれだ。しかし,「多くの人が5分で解いているのに,自分はその5分を超過しているということは,何か目の付け所が間違っていたのだろう」と初期の方略を疑いだし,その結果,こだわっていた初期の誤った方略を捨てて新しい解の探索ができたと考えられる。

この他者の解決成績情報が課題に対する構えやモチベーションに影響を与えたのではないか,と考える人もいるかもしれない。「30分の制限時間があるのに5分で終わるなら素朴な問題なのだろう」と予想したり,「30分も制限時間があって,20分も使うような問題は相当難しい」と構えたりした可能性も懸念される。これについては,別の実験参加者を対象とした追加実験ではあるが,実験で教示した文面と同じ他者の解決成績情報を提示した上でTパズルの予想難易度を評価してもらったところ,教示の有無によらず予想難易度に差が見られないことを確認している。ここでの他者の成績情報の効果は,難易度の予想などのモチベーションや問題に対する構えや姿勢に働くのではなく,自己の現在状態の評価に作用したものといえる。

4.3 心の中で作られる他者

前節の小寺らの研究では「他者だと思い込んだ自分」, 有賀の研

究では「他者の成績に関する（嘘の）情報」が解決成績に影響を与えた。私たちは実際に他者が存在しなくても，教示を一つ受けるだけで他者との協同に類する効果を得ることができてしまう。なんとも奇妙な気分になるが，私たちは常に誰かの協力を得られる状況にあるとは限らず，一人で問題解決に望まなければならない場合も少なからずある。そうしたときにこのような「架空の他者」の力を借りることができるのであれば，それは望ましいことだろう。では，私たちの問題解決を助けてくれる（架空の）他者とはどのようなものでもよいのだろうか。この場合の「他者」の定義とは，一体どこまでの事物を許すのだろうか。

　私たちは普段あまり強く自覚することはないかもしれないが，実は他者の存在にひどく敏感である。知覚心理学の研究では，人の顔の認識がそれ以外の物体との認識の仕方と異なっていることや，他者の目や視線に対して敏感であることが知られている。実際，その性質を利用して人の顔に似たデザインにすることで，対向車線の車の運転手の注意を引き，事故防止に役立てようとする試みもある。また，防犯目的で駐輪場やゴミ捨て場，スーパーマーケットなどに目の模様や写真を掲示して，犯罪行為が目撃されているかのように見せる事例もある。

　わざわざ人の顔や目に似せようとしなくても，見る人が顔だと認識しようとしてしまうことすらある（図 4.2）。この現象は認知科学においても研究対象として取り扱われ，知見の蓄積がある。例えば，曖昧な図形やその配置に対して人の顔などの意味をもった情報を認識してしまう現象は「パレイドリア」と呼ばれており，これは私たちの意味情報認識の認知的処理が過剰に働いてしまったことにより生じるとされる。例えば，（´・ω・｀）のような文字列を見たとき，しょんぼりした顔のように見えないだろうか。実際に一部の文字入力・変換ソフトでは，「しょぼーん」という文言を変換すると，

4.3　心の中で作られる他者

図 4.2　顔のように見えるパレイドリア現象を惹起する事物の例

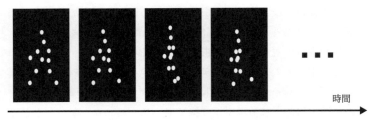

図 4.3　バイオロジカルモーションの例。光点の動きのパターンだけで，私たちはそれが人間の歩行であると認識できる。

顔文字と呼ばれる文字列に変換される。

　顔だけに限らず，私たちは一定の動く物に対して，人間や生物らしさを読み取ろうとする傾向も持っている。幾つかの光点が，相互に構造的な間隔を保ちながら，特定のパターンの軌跡を描いて動く様子を見ると，それが運動する生物を単純化した映像刺激だと理解することができる（図 4.3）。これはバイオロジカルモーションの知覚と呼ばれる。

　他者の気配を感じ取るのは視覚的なものだけに限らない。私たちは身の回りに起きた出来事に対して，他者の意図性を読み取ろ

うともしてしまう。その古典的な事例の一つに人工知能 ELIZA（Weizenbaum, 1966）が挙げられる。この人工知能は基本的にユーザから予め想定された応答では対処しきれない問いかけが入力されると，当たり障りのない聞き返しが行われる。例えば，悩み事と判断される入力に対しては，「どのように？」「何か例を挙げてください」といった，話題の進行を促すような聞き役的なメッセージを返す。しかし，こうした単純な原理でしか動作しないプログラムに対しても，ユーザは ELIZA との対話に没入し，相談相手として対話しようとすることが報告されている。ELIZA に通じる例は今日においてもよく見られる。Twitter などのテキストベースのコミュニケーションツール上では，bot と呼ばれる自動応答プログラムが実在する人間のように振る舞ってメッセージを発信していることがある。ユーザの中にはこれが bot であると気づかずに対話しようとしてしまう人もいる。

　ELIZA は対話的なシステムであったが，こうしたインタラクティブなものでなくとも，人は人為を見出してしまう。例えば，外出先で音楽を聴こうとヘッドフォンステレオを探すが，見当たらないことに気づき，盗難の可能性を疑ってみたものの，よく探したらカバンの奥に潜り込んでいたといった経験はないだろうか。筆者などは子どものころ，カバンからイヤホンやケーブルを取り出すといつもめちゃくちゃにコードが絡まっており，その都度誰かの嫌がらせではないのかとイライラしていた。しかし，コードの絡まりがどのように生じるのかは数学的に説明が可能とされており，人災であることはまずありえない。こうした科学的な説明があるにもかかわらず，人為や悪意を想定した解釈をしてしまうのは「陰謀論」の一種ともいえる。

　こうした個人の身に起きる出来事だけでなく，社会的に大きな影響のある出来事においても，その背後に「秘密結社の存在」や「政

4.3　心の中で作られる他者 ｜ 95

治的な暗躍」があったと考える人もいる。例えば，エイズウイルスやエボラ出血熱はアメリカ政府と製薬会社が共謀して起こしたバイオテロだ，といったものである。こうした陰謀論は，自分の思い込みに整合的な情報ばかりに目を向けてしまう私たちの傾向（「確証バイアス」と呼ばれる）によるものとされる。また，こうした陰謀論にとらわれる人は，自説の支持的証拠になるように周辺の（無関係な）出来事も曲解して関連付けようとする傾向も持っている。こうした社会的に大きな影響のある出来事への陰謀論は，政治や権力に対して疑念を持つ人たちから唱えられることが多い。しかし，こうした出来事に限らず，私たちは自身の理解を超えるような不可解あるいは複雑な出来事や事物に対しては，他者の意図を仮定したり，人為として片付けようとしたりすることがある。

　では，こうした存在していない架空の他者に対して，私たちは思考や態度を変えることがあるのだろうか。これに関しては Reeves & Nass（1996）による一連の研究から，私たちはコンピュータのような人工物に対しても，人間と接するときと同じような対人関係能力を働かせることが知られている。Reeves らの実験は，人の集団や人と人とのコミュニケーションにおいてすでに明らかにされている社会心理学の知見を，「人とコンピュータ」に置き換えても再現されるのかを検討するものであった。

　例えば，実験参加者にパソコン（PC）上に実装された学習支援システムで勉強するように課し（学習フェーズ），その後，別のPC 上で学習到達度テストを行い（テストフェーズ），その結果に基づいて学習支援システムの評価を求める（評価フェーズ）という一連の手続きをとる。評価フェーズでは，テストの成績が 15 問中10 問正解であったことを通知し，その上で「優れた支援効果があった」などの肯定的なメッセージと，「あまり有能なシステムではなかった」などの否定的なメッセージのいずれかが提示される。ま

た，このメッセージは学習フェーズで使った PC と同じ PC から発される場合と，学習フェーズとは別の PC から発される場合の二つが設けられた。つまり，学習時に用いた PC が自ら肯定的な自己評価を発する自己肯定条件と否定的な自己評価を発する自己否定条件，学習時とは別の PC が学習時の PC に対して肯定的な評価を発する他者肯定条件と否定的な他者評価を発する他者否定条件の計四つの条件が設けられていた。こうした手続きを経た後，実験参加者は学習支援システム（学習フェーズ時の PC）に対する好意度を評定するよう求められた。

　この実験の結果では，他者肯定条件の方が自己肯定条件よりも好意度が高いことや，他の PC からの批判は，学習支援システム自身が自己批判するよりも好意的には受け取られず，見下した印象を与えるといった傾向が明らかになった。私たちも日常の人間関係の中で経験することだが，同じ評価でも本人が自画自賛するよりも第三者による評価の方が，価値がより高く感じられる。本人の自己評価に比べて，第三者の評価の方が誇張や謙遜の恐れが少ないと考えられるからだ。また，自己評価の厳しい人に対しては謙虚な人物という印象を抱きやすい。これらは対人関係を扱う社会心理学の研究においてすでに知られていることではあるが，同じことがコンピュータの振る舞いに対しても当てはまるのである。

　このように人がメディアや PC に対しても人間と同じように社会的な態度を伴って振る舞うことは，メディアの等式（Media Equation）と呼ばれる。この現象が及ぼす効果は強力で，メールマナーの改善にも応用されている（阿部, 2013）。先に紹介した ELIZA の事例もまた，プログラムされた応答であってもそれに対して社会的な態度を崩さないメディアの等式が成立した一例と見ることができる。こうした知見からも，私たちは仮想的な他者の助けを受けて，問題解決への姿勢を改めることができるといえるだろう。

4.3　心の中で作られる他者　　97

4.4 創造性は一人で発揮できるか

　本章では，「協同する他者」の定義・線引きを狙いとして研究を紹介してきた。まず自分の行動を擬似的な他者として見直した場合の効果を検討した小寺らの研究や，他者の成績情報の効果について検討した有賀の研究からは，架空の他者を相手にした協同でも効果があるということが示唆された。こうした擬似的な他者情報の効果は，生身の人間との協同と代替できるようなものではないにせよ，周囲と隔絶して孤立した状況で考えた場合に比べると，促進的な効果が期待できる。

　これらの研究は擬似的な他者を用意した研究であったが，私たちは促されなくとも，いとも簡単に環境から人の姿を見出し，身近な物に人為や意図性を投影し，心の中に他者を作り上げてしまう。パレイドリアやバイオロジカルモーションのように，なんでもないはずの周囲の風景から他者の気配を読み取ってしまうし，ELIZA との対話や陰謀論に見られるように，人為の介在していない出来事から意図を読み取ろうとしてしまう。こうした架空の他者に対してすら，私たちは実在して協同する他者と同じように態度を変えて行動しようとする。

　ここまでの知見を振り返ると，「創造性は環境や外的資源の中にこそある」とは言い切れなさそうだ。創造的思考において協同の効果はこれまでにも触れてきたように強力なものだが，かといって常に他者の協力が得られる状況にあるとは限らないし，創造性は他者との協同の中でしか生まれないというわけでもない。その気になれば，私たちは心の中に他者を創造し，その想像上の他者と協同することができる。周囲の環境から，ありもしない意図性を自発的に作り上げているというのだから，私たちはその時点で極めて創造的な存在といえるのではないか。とはいえ，こうした環境や外部に投影した他者や，心の中に作り上げた想像上の他者を「外的資源」と呼

ぶのにも個人の心的処理の産物と考えるのにも違和感がある。

　むしろ重要な点は，他者の存在の有無や外的資源と心的処理の線引きではなく，他者を意識することによる自身の偏った見方や制約の見直しにあるといえるだろう。人は一人でも創造性を発揮することはできるだろうが，そこには周囲の環境を手がかりにして，心の中に作り上げた見えない他者との協同が行われている可能性もある。自分以外の誰のことも知らず，誰の視点も意識せずに完全に孤独なままで創造的なアイデアを生み出すのは難しいのではないだろうか。

第5章 外的資源と創造性を つなぐ身体

　前章では環境や他者などの外的資源について取り上げた。私たちが創造性を発揮する際に外的資源を利用することは疑いないだろう。しかし，創造的思考を働かせる際に，外的環境と私たちは相互にどのように関わっているのだろうか。環境からヒントを得るのは知覚の働きであるが，そのためには環境にある情報を探しに動かなくてはならない。周囲を見回し，時には配置された物を動かしたり，組み合わせてみたりすることも必要だろう。手や指を使って周囲の物の配置を変え，材料を変形させてみることもあろう。ヒントとなる情報や知覚刺激を得るために環境を歩き回るのも，思い浮かべたアイデアに従って物や環境に働きかけるのも身体あってのことである。これまでに何度も登場したTパズルを解く場合も，もし目の前に木でできたピースが置いてあるとしたら，心に思い浮かべたイメージだけで試行錯誤することはないだろう。実際に手でピースに触れ，さまざまに動かしながらヒントになる情報を探し，解決法を実行するはずだ。

　身体は環境からの手がかり（知覚刺激）を受け取る情報の入力と，着想したアイデアを実行して環境に作用するような出力（外化）を担うインタフェースともいえる。本章では，こうした私たちの心や思考と環境の間に立つインタフェースとしての「身体」の関わりについて言及していきたい。5.1節では身体が思考に及ぼす影

響を語る上で重要な概念となるアフォーダンスについて触れ，5.2
節では身体動作そのものが与える影響や，身体動作に伴って生じる
さまざまな知覚・感覚への影響を紹介し，5.3 節では身体動作が創
造的な思考にまで影響を及ぼすことを示す研究事例を紹介する。こ
れらの知見から，5.4 節では創造的思考における身体の役割につい
て取り上げる。

5.1　外的資源の利用とアフォーダンス

　私たちの思考や判断と環境との関係を議論する上では，Gibson
(1979) の唱える「アフォーダンス」という概念が有用だろう。ア
フォーダンスとは「環境が動物に提供するもの，用意したり備えた
りするもの」とされているが，この定義だけでは少し漠然としてイ
メージしにくいかもしれない。そこで，以下のようなシチュエーシ
ョンを想像してほしい。気に入っている靴で外出した際に行く手
を大きな水たまりに阻まれたとしよう。この水たまりを，靴を汚さ
ずにやり過ごすとしたら，どのような行動がとれるだろうか。水た
まりを跨いだり，飛び越えたり，迂回したりするかもしれない。し
かし，私たちはこれらの行動を選ぶのにいちいち悩んだりすること
はないはずだ。水たまりの大きさが歩幅より小さいなら跨げばよい
し，歩幅より少し大きい程度なら飛び越えればよい。明らかに飛び
越えられない大きさなら無理せずに迂回するのがよいだろう。こう
した日頃何気なく行われている判断は，その人の知能や性格といっ
た要因よりも，水たまりの大きさとその人の歩幅によって決まって
しまうところが大きい。つまり環境とその中で行動する私たちの身
体，特にそのサイズとの関係によって，私たちの何気ない所作は決
定されるといえるのである。

　上の例はイメージしてもらうための例え話だが，心理学実験によ
る実証的な知見もある。三嶋 (1994) は，平均身長の高い群と低

い群に分けられた実験参加者に対して，さまざまな高さに調整した
ハードルを通過するという動作を課し，その様子を観察した。実験
参加者の身長は，高い群では平均 181 cm，低い群では平均 163 cm
であった。また，ハードルの高さは 55 cm から 105 cm までの範囲
でさまざまに調節された。三嶋はこの観察を通して，ハードルの上
を跨いで越えるか，下をくぐって通るかという実験参加者の判断
が，ハードルの高さと実験参加者の足の長さの比によって決まる
ことを見出した。具体的にはハードルの高さが足の長さの 1.07 倍
を上回る場合には跨ぎ，下回る場合にはくぐるという行動が選ばれ
た。

　この三嶋の研究に限らず，階段の高さが足の長さの 0.88 倍を上
回る場合に手を使った補助行動が現れること（Warren, 1984）や，
狭い隙間を通る際に，上体をひねって通過しやすい姿勢をとるか，
ひねらずそのまま素通りするかは，隙間が肩幅の 1.3 倍を超えるか
どうかで判断されること（Warren & Whang, 1987）なども報告さ
れている。

　これらのアフォーダンスに関する知見では，通行などの何気ない
日常的な所作を扱っていたが，創造的思考にもこうした影響は見ら
れるのだろうか。これについて検討したのが阿部（2010）による
研究である。阿部は道具の使い方を考えるという，これまでに紹介
した知見でも用いられたアイデア生成課題においてもまた，与えら
れた題材と，それを使って考える実験参加者との身体の関係によっ
て成績が変わるのではないかと考えた。そこで，さまざまな大きさ
の正方形の白いプラスチック板を用意し，実験参加者に新しい使い
方を提案するアイデア生成課題を課した。また，その際に実験参加
者の人差し指と親指の最大の開き幅も測定した。

　プラスチック板のサイズは一辺が 12 cm，14 cm，21 cm のもの
を用意し，実験参加者にはそれらを手にとって使うことを許可し

5.1　外的資源の利用とアフォーダンス　　103

図 5.1 阿部（2010）の実験結果の一例。左上は指を鍛える器具，右上はスコップ，下は本立てとしてプラ板を活用するアイデアであった。

た。ちなみに，これらの板のサイズは，大学生が人差し指と親指でつまみ上げられる最大の大きさの平均が 14.2 cm であるという調査結果（兄井，2003）に基づいて決められた。片手でつまめるサイズか，両手を使わなければつまめないサイズかによって，アイデアの産出の傾向が変わるかどうかを見るのが目的である。

　これらの実験から，手の大きさや板の大きさによらず，多くの実験参加者が平たいプラスチック板から平たい既存の道具の代用を考える傾向が見られた（例えば，団扇のようにしてあおぐ，定規の代わりにする，ペーパーナイフにするなど）。平たい外見から平たい道具を連想して代用するという発想は自然なものといえるだろう。しかし，中にはこの板を曲げて立体的に使う実験参加者や（図 5.1 上段右，下段），曲げることによって生じる弾力や音を使うアイデア（図 5.1 上段左）を出す実験参加者もいた。こうした板を曲

初期状態 　　　　　　　　　典型的な失敗

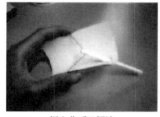

板を曲げる解法 　　　　　　　目標状態

図 5.2　ボタンホールパズルの解決過程

げて使うという発想の転換を示した実験参加者の手のサイズを調べてみると，与えられた板の大きさに合わせて，曲げて使うアイデアを出す実験参加者の手のサイズも大きいという結果が示された。

　また，この研究はアイデア生成課題を用いているが，パズルのような課題でも同様の検討が行われている。Abe（2011）では，プラスチック板に鎖で結び付けられた棒を，鎖を千切ることや板や棒を破損することなく解いて外すというパズルを用いた。これはボタンホールパズルと呼ばれるパズルの一種で，鎖の長さと板の大きさが絶妙な長さになっているため，鎖や棒だけをいくら操作しても外せないようになっている。このパズルを解決する鍵もまた，板の部分を曲げることにある。板を曲げることで鎖の輪の中をプラスチック板が通れるようになっており，破損させることなく板から棒を外すことができる（図 5.2）。

5.1　外的資源の利用とアフォーダンス

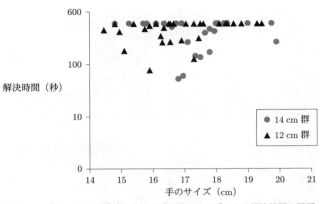

図 5.3 ボタンホールパズルのサイズと手のサイズによる解決時間の関係

　実験では一辺が 12 cm と 14 cm のボタンホールパズルが用意され，実験参加者にはどちらかのサイズのパズルが与えられた。一定時間でこのパズルを解く課題を課した後，手の大きさを測定した結果，制限時間内に自力で解決できた実験参加者の手のサイズは，一辺が 12 cm の場合には 16.1 cm，一辺が 14 cm の場合には 17.6 cm となっており，与えられたパズルの大きさに応じて異なっていた（図 5.3）。さらに，どちらのサイズの場合も，板のサイズに対して手が大きすぎても小さすぎても解決に時間がかかってしまうということも示された。

5.2　心的処理に働きかける身体

　考えることに没頭していると，周囲の状況が気にならず，まるで環境の影響など受けていないように思えるかもしれない。しかし，私たちの何気ない行動や判断は，その場のリアルタイムに受け取る刺激にも大いに左右される。それは前節で紹介したような，歩行中のルート選びや障害物のやり過ごしといったシンプルな動作や判断

だけに限らず，印象や価値判断などにまで影響が及ぶ。以下では複雑な判断や思考を要する場面でも，その場での何気ない知覚や運動が左右するという例を紹介する。

5.2.1　知覚による影響

　心理学の実験を実施したことのある読者ならば，実験環境のコントロールの重要性は十分に理解されているだろうが，何気ない環境の違いが実験結果を左右することがある。これから紹介する触覚プライミングの研究では，部屋の温度や椅子の硬さといった実験環境の違いが実験参加者の判断を変えてしまうことを報告している。

　Williams & Bargh（2008）では，実験参加者に持たせた飲み物の温度がその後の人物の印象評価に影響を与えることを明らかにした。実験では待ち合わせ場所から実験室に向かう移動の間に，実験参加者に飲み物を手渡した。手渡す飲み物の温度は 2 種類あり，冷たい飲み物を持たせた条件と，温かい飲み物を持たせた条件を設けてある。その後，実験室に到着して初対面の人物の印象評価を行った。すると，温かい飲み物を渡された実験参加者は，評定対象の人物について「温かい」性格の人物と評価しやすく，冷たい飲み物を渡された実験参加者は「冷たい」性格の人物と評価しやすいという結果が得られた。

　こうした触覚を通じた影響は，温感だけでなく手触り感，さらには手に限らず座り心地など，他の身体部位の感触でも生じうる。Kay, Wheeler, Bargh & Ross（2004）では，二人一組でお互いに協力しあう必要のある実験課題に先立って，実験参加者に柔らかい感触の物体を触らせる条件と，硬い感触の物体を触らせる条件を設け，その後の課題成績を比較した。その結果，柔らかい感触の物体に触れていた群はより協力的な行動をとるようになることが報告された。また，同様の効果は座った椅子の柔らかさにおいても生じる

5.2　心的処理に働きかける身体　｜　107

（Ackerman, Nocera & Bargh, 2010）。さらに，人物の印象に限らず，商品のパッケージの手触りが商品の評価に与える影響を左右することも知られている（Krishna & Morrin, 2008）。

　触覚プライミングの研究の中には，重さによる影響を扱ったものもある。Jostman, Lakens & Schubert（2009）では，実験参加者に起立した状態のまま質問紙を載せたクリップボードを与え，質問紙への回答を求めた。このときクリップボードには2種類が用意されており，一方の実験参加者には約600 g，もう一方の実験参加者には約1 kgの重さのものが渡された。質問紙では為替レートの見積もりや架空のニュース記事に対する重要性の評価などが問われた。その結果，重いクリップボードを渡された実験参加者は，軽いクリップボードを渡された実験参加者より重要度の見積もりを高くすることが明らかになった。こうした重さの影響はニュースの重要度以外にも飲料の評価でもさまざまな条件下で確認されている（阿部, 2016）。

　Barsalou（1999）は，私たちが持つ知識や概念は，文字や映像といったものだけでなく，感触や運動感覚など多様な感覚の情報を含めて記憶システムの中に格納されていると指摘した。この考え方に従えば，私たちが持っている概念は，それに関わる感覚情報や運動情報とも結びつくため，概念の言語情報に接触すると，関連する感覚・運動情報も活性化されることになる。

　また，私たちは日常の会話の中でもさまざまな感覚を表現の中に例えとして取り入れている。共感性と協調性の低い人物を見て「冷たい人物」などと呼ぶこともあれば，丁寧な態度で接してくれる人を「物腰の柔らかい人」などと呼ぶこともある。また，議論の中心的要素や優先事項のことを「重点」といったりするがこうした表現は言語の種類に依存せずに成り立つものも少なくない。日本語の「重点を置く」という表現と同じく，英語にも "put weight on" と

いう重さを用いた表現がある。先の Williams & Bargh（2008）や
Kay, Wheeler, Bargh & Ross（2004）の実験は，感覚刺激を契機
にこうした比喩的な概念が想起され，判断に影響を及ぼしたと考
えられる。初対面で相手の情報が何もないにもかかわらず，印象を
評価せよと教示されたとき，私たちはその場で感じた重さや柔らか
さ，暖かさにまで頼って評価や判断をしてしまう。

　こうした感覚刺激による影響は，創造的思考にも無関係ではな
い。創造的思考でも，最初は何が有効な解決法であるのか，問題中
の何が解決の鍵となるのかがわからないことが多い。そのような状
況で与えられた感覚刺激は，問題中の対象物の捉え方や初期制約，
ひいては問題解決そのものの態度を決定づけてしまう可能性もあ
る。もちろん，これはネガティブな意味合いだけでなく，3.1 節で
紹介した Leung ら（2012）による部屋の広さの実験のように，広
い作業環境が固定観念に縛られない態度を惹起し，アイデアの探索
を促進するケースもありうることに留意されたい。

5.2.2　運動による影響

　前節では知覚による影響を取り上げたが，私たちの何気ない動作
は，記憶や印象形成，判断にも影響が及ぶことが知られている。そ
の代表的な研究の一つが，佐々木らの研究グループによる一連の空
書研究である。「空書」とは字のとおり何もない空中に向けて書画
動作をすることだ。読者の中には，小学校の国語の授業で空に向け
て大きく漢字を書く動作をして漢字の形や書き順を覚える指導を受
けた人もいるのではないだろうか。こうした動作はまさに空書の一
例である。

　空書を行う理由の一つには，空書行動と記憶の関連が挙げられ
る。ここでデモンストレーションをしてみよう。漢字の「日」に 1
本の棒（一画）を加えて別の漢字を作るとしたら，全部で幾つ作

5.2　心的処理に働きかける身体　｜　109

れるだろうか。ここでは小学校で習う漢字のみを対象としておこう。この問題の説明を読んだ読者の中には，思わず指で手のひらや空中に文字を書いた人もいたのではないだろうか。佐々木・渡辺（1983）は漢字を題材とした記憶検索課題を行い，実験参加者の多くが実験者に教示されずとも自発的に空書行動を起こすことを明らかにした。記憶検索課題では，漢字を三つの構成要素に分解したものを提示し，それらを組み合わせてできる漢字は何かを答えさせた。例えば「立」と「日」と「十」という要素を組み合わせることで「章」という字が作れる。課題の性質としては，複数の構成要素を統合するという点で RAT（3.1.1 節参照）に類似したタイプの問題といえるだろう。

　佐々木らはさらに，紙の上を指で文字をなぞる群，空書する群，空書を禁じた群の三つに分けて記憶検索課題を行い，各群の成績を比較した。また問題文の教示の仕方も，口頭のみで聴覚的に提示される場合と，構成要素を文字として視覚的に提示される場合の 2 条件で実施した。その結果，紙の上で文字をなぞる群は聴覚提示でも視覚提示でも最も優れた成績となった。また視覚提示時に限り，空書する群は空書を禁じられた群よりも高い成績となった。素朴に考えれば，空書によって手を動かすという処理が加わる分，漢字（部首）のイメージ操作や記憶検索に割く処理資源の不足を招くと予想することもできる。しかし，空書を許すことで課題の成績が上がったことから，私たちの記憶や表象には，運動の成分も含まれうること，そして運動を行うことが記憶や表象の操作を補助することを示唆している。ちなみに，先に出題した「日」に一画足してできる別の漢字は 8 種類（旧，旦，田，目，白，申，由，甲）である。

　空書行動の役割に関しては，3.2 節で紹介した Yokochi & Okada（2005）による水墨画家の観察からも示唆が得られる。先に述べたとおり，Yokochi らは長期にわたる水墨画家のパフォーマンスを観

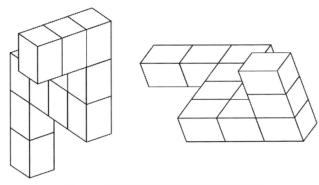

図 5.4 心的回転の実験で用いられる画像の例

察・記録してきたが，その中で水墨画家が創作活動中に空書を行うことを見出した。これを受けて水墨画家へのインタビューや空書の発生時期の分析を行い，空書行動が実際に描画する前のプランニングやリハーサルの機能を果たしていることを明らかにした。水墨画家もまた，インタビューの中で空書行動を癖として無自覚に行っていることを報告しており，この点も佐々木らによる漢字の空書行動とも共通している。

　手の運動が描画のプランニングやイメージの操作に有効であることは，熟達した水墨画家の観察だけに限らず，心理学的な実験の上でも支持されている。その一例としてイメージの心的回転と手の動きの方向に関する Wexler, Kosslyn & Berthoz（1998）の研究がある。私たちは頭の中で思い浮かべた立体物について，イメージの中で回転させてさまざまな角度から見た様子を想像することができる。

　例えば，図 5.4 にはブロックを組み合わせたような立体物が二つ並んだイラストが描かれている。イラストである以上，描かれた立体物を動かしたり操作したりすることはできないが，私たちはこ

図 5.5　シルエット錯視（茅原, 2003）

のイラストを心の中で思い浮かべて回転させ，左右の立体物が同一の形状であるかどうかを判断することができる。こうしたイメージとして作り上げた対象物に対して回転させるなどの操作をすることは，心的回転（mental rotation）と呼ばれる。

　この能力は製品のデザインなどの創造的な思考を要する場面においても，重要な能力の一つとされる。Wexler らは，この心的回転を要する課題の際に回転式のレバーを回しながら課題に取り組むよう教示したところ，レバーの回転方向と課題解決に必要な心的回転の向きとが一致しているときに反応時間が短くなるという結果を得た。

　類似の知見として，阿部（2011）は右回転にも左回転にも解釈することのできる曖昧な動画（「シルエット錯視」（図 5.5）（茅原，2003））を実験参加者に提示し，レバーを回す運動と動画の回転方向の変化回数との関係を検討した。この実験で提示した画像はどちらの回転方向にも解釈可能な錯視動画であるため，厳密には動画上での回転方向の変化は起きておらず，実験参加者は錯覚として主観

的に回転方向の切り替えを体験することになる。

　この動画を用いた課題の最中に，映像の回転方向と同じ方向にレバーを回すよう教示する順回転条件と，映像とは逆の回転方向にレバーを回すよう教示する逆回転条件，何もせず映像を見る統制条件を設けて回転方向の変更回数を報告させた。その結果，逆回転条件において最も頻繁に回転方向の変化が生じた。この結果は，手の回転方向に誘導されて映像の回転方向の解釈が変わってしまったと考えられる。換言すれば，レバーの回転という身体運動が，複数の解釈を許す曖昧な映像への再解釈を促したことを示唆する。

　身体運動は，知覚や記憶だけでなく，感情や態度をも左右する場合がある。Cacioppo, Priester & Berntson（1993）は，腕の曲げ伸ばしという動作と，望ましいものに近づきたいという接近の動機づけや危険や嫌悪するものから離れたいという回避の動機づけの間に関連があると考えた。前節で Barsalou（1999）が，知識や概念が多様な感覚の情報を含めて格納されている説を唱えたように，Cacioppo らも腕の曲げ伸ばしと，その運動が生じる状況や心境とは強い結びつきを持っていると考えた。腕を前に突き出す動作は，依頼を断ったり，危険なものを遠ざけたりする動作になる場合も多く，その状況下では私たちは否定的・後ろ向きな感情や態度になりがちである。一方，腕を曲げて手を自身に近づける動作は，大事なものや好きなものを抱え込んだり，何かを自分のものとして受け入れたりする動作になる場合が多く，こうした動作をする際は受容的・肯定的になると考えられる。

　腕の曲げ伸ばし動作がこうした感情や態度を惹起するという仮説のもと，Cacioppo らは心理学実験による検討を行った。実験では，提示された刺激の好ましさについて，テーブルを下から押し上げる（腕を曲げる）動作をしながら評価する条件と，テーブルを上から押し下げる（腕を伸ばして押し出す）動作をしながら評価する

5.2　心的処理に働きかける身体　　113

条件で比較した。その結果，テーブルを下から押し上げる腕を曲げる動作をしながら評価する方が提示された刺激をより好ましいと評価することが示された。

　私たちの日常でよく用いられる手や腕だけでなく，他の身体部位もまた，判断や印象評価に影響を与える。Förster & Strack（1996）は，首を縦に振る動作をしているときは，肯定的な意味の単語の記憶成績が高くなり，首を横に振る動作をしているときは，否定的な意味の単語の記憶成績が高くなるという実験結果を報告している。首を縦に振る動作は，頷きとして同意や肯定の意思を示すときに行われる。それに対して首を横に振る動作は，拒絶や棄却の意思を示すときに行われる。こうした特定の状況や心境の下で行われる身体動作は，その動作に伴って処理される情報と強い結びつきを持っている。肯定を意味するジェスチャーと，否定的な態度や感情・記憶は干渉しあってしまうことを示唆する。この首振りの効果は記憶だけでなく，説得されやすさについても生じるとされ，首を縦に振りながら話を聞くほうが，首を横に振りながら話を聞く場合より説得されやすい（Wells & Petty, 1980）。

　首を振るといった明確な運動動作でなくとも，特定の姿勢や筋肉の収縮をするだけでも印象や感情に影響が及ぶことがある。その典型的な例として，Strack, Martin & Stepper（1988）による「ペンテクニック法」の知見が挙げられる。この研究では実験参加者に漫画を読んでもらい面白さの評価を求めた。このときペンを口にくわえて，笑顔のときと同じ口の形になるように操作した群と，不満げな表情のときと同じ口の形になるように操作した群を設けた。この実験の結果，笑顔のときと同じ口の形を作るように操作した群は，不満げな表情のときと同じ口の形を作る群よりも漫画を面白いと評価する結果が得られた。これは表情筋の状態に伴って感情が変わるという点で，身体が印象や感情を変える現象とみることができる。

114　　第5章　外的資源と創造性をつなぐ身体

5.3 創造的思考を助ける身体

ここまでは，思考中に受けるさまざまな感覚刺激や運動行為による影響を紹介した。しかし，ここまでで取り上げたものは印象判断や記憶検索，数値の見積もりといった課題が多かった。以下では，創造的思考への影響をより直接的に検討した研究を紹介する。

Friedman & Förster (2000) は，腕の曲げ伸ばしという動作が創造的問題解決の成績に影響を与えることを報告している。実験では，腕を伸ばしながら視覚的な探索課題を行う条件と，腕を曲げながら行う条件で成績を比較した。実験で用いた課題は EFT (Embedded Figures Test,「隠し絵テスト」と呼ぶ，図 **5.6** 左)，SPT (Snowy Picture Task, 日本では「アハピクチャ」と呼ぶこともある，図 5.6 右)，GCT (Gestalt Completion Task,「ゲシュタルト完成課題」と呼ぶ，図 5.6 中央) など，曖昧あるいは多義的な図形の中から正解となる図形や対象物を見つけ出す課題であった。実験の結果では，腕を伸ばす条件の方が，隠された図形をより早く発見することができた。同様の結果は，隠れた図形の発見だけでなく，ブロックの新しい使い方を考えるアイデア生成課題や発想の転換

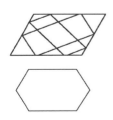

Embedded Figure Test　　Gestalt Completion Task　　　　Snowy Picture Task

図 5.6　Friedman & Forster (2000) で用いられた視覚課題の例

や気づきを必要とする文章題においても再現された（Friedman & Förster, 2002）。

この結果が生じたメカニズムとしては，前節でも取り上げた Cacioppo らの腕の曲げ伸ばしと感情の関連を扱った実験や，2.2 節で紹介した Isen らのポジティブな気分とネガティブな気分での実験を思い出す人もいるかもしれない。Cacioppo らの実験では，腕の曲げ伸ばしによって肯定的，あるいは否定的な態度に誘導できることが示されていた。また，Isen らの実験では創造的思考において肯定的な感情や態度は，否定的な場合に比べて常識にとらわれない発想や，まだ試していない解き方を試してみる姿勢を促すとされる。Friedman らの研究結果は，腕の運動によってポジティブな感情が惹起され，それが創造的思考を助けたという因果を考えることもできる。この可能性について Friedman らは実験の際に感情価の測定も行っている。腕の曲げ伸ばしの効果は感情の影響からは独立しており，直接的な問題解決の取り組み方に影響することを確認している。

Cacioppo らの研究では，腕の曲げ伸ばしという動作に焦点を当てた実験が行われた。永井・山田（2013）は腕の動きは曲げ伸ばしだけでなく，回転動作にも効果があることを報告した。しかも，ただ回すのではなく，大きく回すことが大事だという。永井らは新しいブランド米の名前を提案するという文脈で，斬新なネーミングを生成するアイデア生成課題を課した。そのとき，一方の群には前に腕を突き出して一定速度で直径 3 cm の円を描くように腕を回しながら考えるよう教示し，もう一方の群には直径 80 cm の円を描くように腕を回しながら考えるよう教示した。

その結果について，二つの群の間でのアイデアの生成数とアイデアの拡散性が比較された。アイデアの拡散性とは，既存のアイデアとの類似や重複が少ないことを指す。「コグニシキ」や「コグヒカ

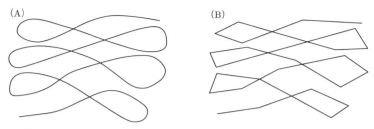

図 5.7 Slepian & Amabady（2012）で教示された描画動作の軌跡の例

リ」のような，既存のブランド米（ササニシキ，コシヒカリなど）との部分的重複があるため創造的とはいえないだろう。また，既出の回答を部分的に改変しただけのアイデアも創造的とは言い難い。こうした重複したアイデアが少なく，多様なアイデアを出せる実験参加者は拡散性の高い思考をしているとみなした。こうした実験の結果，腕を大きく回した群は小さく回した群よりもアイデアの拡散性が高いことが示された。腕回しの大きさには，より多様で広範囲にわたるアイデア探索を促す効果があったのである。ただし，アイデアの生成数，言い換えれば流暢性には差が見られなかったということに留意されたい。

一方，アイデア生成の流暢性を高める動作もある。Slepian & Amabady（2012）は流線的で滑らかな軌跡の描画動作を行った群と，直線的で角張った軌跡の描画動作を行った群で創造性に違いが表れるかどうかを比較した。実験では図 5.7 に示すように軌跡の滑らかさが異なる 2 種類の図が用意され，実験参加者はこの図をなぞるよう教示された。こうすることによって，指と目で滑らかな軌跡，あるいは角張った軌跡を描くよう操作するのが狙いである。その後に，新聞紙の新しい使い方を考えるアイデア生成課題が課された。その結果，滑らかな軌跡 (A) を描く群は角張った軌跡 (B) を書く群よりもアイデア生成数が多く，アイデアのオリジナリティ

5.3 創造的思考を助ける身体 | 117

も高かった。堅さの少ない滑らかな動きは，淀みのないアイデア生成をする態度を促すという点では Friedman らや永井らの知見とも共通している。Slepian らの知見からは，腕だけでなく，指や目といったごく局所的な部位の動きでも効果があることがわかる。

　腕や指は私たちが日常の中で最もよく使いこなす身体部位である。問題を解く際にも腕や指を使うことは少なくない。Slepian らの知見では，目と指の動きを操作した実験であったが，目の動きだけでも問題解決成績に影響を与える場合がある。2.3 節では眼球運動を用いた実験から，ひらめきに近づいている人は目の付け所が違っていると述べた。Thomas & Lleras（2007）はそれを逆手にとり，実験上の操作で特定の眼球運動を行わせることで問題解決成績を向上させた。この研究を受けて田村・三輪（2013）は，2.3 節で紹介したスロットマシン課題を用いた実験を行った。前述のとおりスロットマシン課題では，問題解決初期の段階で実験操作により誤った規則性に誘導され，視線もその誘導によって一部の情報に注視しやすくなってしまう。スロットマシン課題の真の規則性に気づくには，広い範囲かつ多様な方向に視線を向けることが肝要となる。田村らは，直前に行う問題解決とは無関係の眼球運動が，その直後の問題解決にまで影響を及ぼすと考え，以下の実験を行った。

　田村らの実験の巧みな点は，寺井らの実験のように眼球運動を測定するという設定で実験を実施し，眼球運動測定装置を使うための準備という名目で，課題開始前に眼球運動の操作を行った点にある。眼球運動の測定には，個人の眼球運動の特性や測定誤差を補正するためのキャリブレーションという手順が必要になる。このキャリブレーション作業では，画面上に提示された移動する光点を目で追うという作業が行われる。田村らは，実験群には実験装置の調整のためと称して眼球運動を行った後にスロットマシン課題を課し，統制群には眼球運動を行わずにスロットマシン課題を課した。この

とき実験群が行った眼球運動は，スロットマシン課題解決の鍵となる，縦方向の視線移動が含まれていた。なお，実際には実験群も眼球運動の測定と記録は行われなかった。こうした手続きを経て解決成績を比較したところ，解決成績は両群に差は見られなかったが，実験群の方が統制群よりも問題解決の初期に誤った仮説を形成しにくいという結果が得られた。

5.4　心と環境をつなぐ身体

　本章ではここまで，創造的思考を行う私たちと環境との間に立つ，身体の役割について関連する研究を紹介してきた。創造的思考を行う際には，周囲の環境や他者の何気ない動作の影響を受けるが，それは一方的で受け身なものではなく，私たち自身からも環境に働きかけて新たな情報を取得するなど，双方向の作用が働いている。例えば，先に紹介した阿部（2010）でのプラスチック板のアイデア生成を例に考えると，板を曲げることがアイデア着想の鍵となったわけだが，板に触れなければ視覚にばかり頼って板の使い方を模索することになる。こうなると板の見た目にとらわれて，平たい既存の道具からの連想にとどまってしまう。これは「与えられた材料の形状を変えるべきではない（変える必要はない）」というある種の制約でもある。しかし，この制約を超えて板を曲げるという行為が生じると，平面だけでなく立体的な形状も模索するようになる。それだけでなく，曲げたときの弾力や，板のしなりからくる音といった多様な感覚情報も得られる。そしてこの板を曲げる行為には，手のサイズと板のサイズという，環境と身体の間の関係性も関わってくる（図 5.8）。このことは，身体によって気づきやすい，見つけやすい手がかりが異なっている可能性を示唆している。言い換えるならば，人にはその人の身体だからこそ得られる着眼点があるということでもある。例えば同じ絵画を鑑賞したり，同じスポー

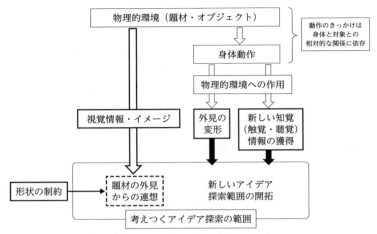

図 5.8 創造的アイデア生成時の身体と環境の相互作用

ツに興じたりしていても，身体の違う者同士では得られる印象や示唆は違ってくる。そしてその違いを持った両者が協同することで，相互に新たな気づきを促せるかもしれない。

また，運動そのものが私たちの思考にも影響を及ぼすことも先行研究から示された。空書に代表される何気ない手や身体各部の動きが，私たちの問題解決に対する態度や姿勢を左右する。私たちが普段「気にもとめない」身体の動きがアイデアの探索と発見をサポートしている点は，創造的思考が潜在的な処理過程に支えられていることも示唆している。私たちの身振り手振りは無意味な発作のようなものではなく，2.3節でも紹介したジェスチャー・スピーチ・ミスマッチのような，本人すら自覚していない心の変化の発露である一方で，思考を方向付けてガイドする営みでもある。

しかし，先に「その人の身体だからこそ得られる着眼点がある」とは述べたものの，そうなると「肢体が不自由な人々にとってもこの考え方は成り立つのだろうか」という疑問が浮かぶ。肢体の一部

を失った人，失ってはいないものの怪我や病気で自由に動かせない人もいれば，そうした状況に補装具で対応している人もいる。身体の役割を議論するならば，さまざまな身体のあり方についても考える必要があるだろう。次章では，多様な身体のあり方や身体の柔軟性・可塑性について触れ，その上で多様な身体が創造性にどう作用しうるかを考察する。

第6章 創造性と曖昧になっていく身体

　創造性は個人の才能や能力だけで説明できるわけでもなく，また一方で，完全に他者や道具に頼らなければ創造性を生み出せないわけではないことは先にも述べたとおりである。その両者の間には相互のやり取りを助ける身体が関わっている。身体の動作はあまりにも自然で何気なく，また生まれたときから慣れ親しんできたものなので，私たちは身体の役割や姿を自覚的に意識することもあまりないだろう。

　身体というのは，良く言えばとても柔軟性や可塑性に富むもので，悪く言えばとても曖昧なものといえる。例えば，パラリンピックのアスリートなどが良い例であるが，肢体を失った人はその失った肢体を義肢で補って活動をする場合がある。彼らが身につける義肢は身体として見るべきだろうか，もしくは道具として見るべきだろうか。機能としては身体の代わりを果たしているが，そこには血液が送られているわけでもなく，神経がめぐらされているわけでもない。傷がついても人の身体のように自然に癒えていくわけでもない。一方，麻痺した肢体の場合はどうだろうか。補装具とは対照的に生身の肉体ではあるが，自由に動かせず，身体としての機能を果たすのは困難である。

　これらは肢体不自由の場合を想定したものだが，肢体不自由でなくとも，私たちは日常でさまざまな道具を器用に駆使し，道具を手

の延長であるかのごとく使いこなすことがある。例えば，プロテニスプレイヤーにとってのラケットや，プロゴルファーにとってのクラブなどは身体の一部のように使い込まれていることが多く，日頃使い込んだものでない代替品を使用した場合には，わずかな使用感の違いからパフォーマンスに影響が出るとも言われている。アスリートの例に限らず，使いやすい道具は使い慣れていくことで「使用している」という自覚が伴わなくなっていく。パソコンに装備されているマウスなどもその一例である。使い慣れていくうちにマウスクリックやドラッグといった操作が，あたかも自分の指で画面内のアイコンを指したり，つまんだりしているかのように感じられる。このときマウスポインタはマウスを通してユーザの手の延長となっている。こういった「手の延長」となった道具は身体として扱われるのだろうか，それともやはり道具は道具でしかないのだろうか。

　本章ではこの疑問について，私たち自身の身体の捉え方がいかに柔軟で可塑的かを諸研究から示したい。まず 6.1 節では身体が道具や物に拡張されていく感覚に関わる錯覚や，逆に自分の身体でありながら，異物感を感じたり，制御不能な感覚に陥ったりする様子を扱った研究を紹介する。6.2 節では自分の身体や自分の動作を自分のものであると認識する諸要因について触れる。6.3 節では，近年発展のめざましいバーチャルリアリティ技術を用いて，身体のあり方を変えた場合に私たちの態度や思考にどのような影響が及ぶのかを検討した研究を紹介する。これらの知見から，私たちの創造的思考にとって身体が果たしうる役割について 6.4 節で言及する。

6.1　「私の身体」という感覚

　自分の身体が自分のものであるとわかることは，あまりにも日常的なことなので，専門的に研究する人でもなければ改めてその機序

を意識することはないかもしれない。しかし，自分で自分の身体の存在を感じ取れないとどうなってしまうのかというと，とても奇妙な状況に陥ることが報告されている（Cole, 1991）。ある神経疾患の患者は，脳から身体に運動指令を送るための経路は無事であったが，逆に身体から脳へ自身の姿勢や身体各部の筋肉の伸縮状態，つまり体の動かし具合の情報が届かなくなるという状態に陥ってしまった。この状態を例えるならば，自分の首から下がすべて綿の詰まったぬいぐるみでできていて，その柔らかい身体の上に自分の頭が乗っかっているような状態である。脳から身体を動かす指令は出せるので，動けないわけではない。しかし，自分の姿勢を自分で実感できないので，姿勢や動作を目視しながらでないと身体を動かすことができない。目を閉じると姿勢を維持できず，身体がグニャリと力なく倒れてしまう。しかも身体を動かしていても，どうにも手応えも実感もない。まるで操作性の悪い FPS（First Person Shooting game：仮想的な空間の中での銃撃戦を主観視点で行うコンピューターゲーム）でもするかのような状態に陥る。

　私たちが当たり前のように日常でさまざまな姿勢や動きがとれるのは，脳から身体への情報連絡網（遠心路）と，身体から脳への情報連絡網（求心路）の両輪が機能しているからである。こうした姿勢や身体の動かし方，身体にかかる負荷をもとに，私たちは自分自身を自覚・認識する知覚，「固有感覚」を作り上げる。また，それに加えて私たちは「自分の身体でできること」についての記憶も使って行動している。この「自分の身体でできること」というのは，関節の可動範囲や手足が届く範囲といった基本的なものである。こうした記憶は「マッスルメモリー」と呼ばれている。

　私たちは視聴覚をはじめとする感覚だけでなく，固有感覚やマッスルメモリーによる自身の身体への感覚を脳の頭頂葉で統合して，自分の身体の状態（姿勢や向き，周囲からの位置関係など）を把握

6.1　「私の身体」という感覚　　125

コラム⑤：姿勢は知覚を変える

　私たちはボディ・スキーマを使って自身の置かれた状況を（無自覚に）理解する。自分がどこを向き，どのような姿勢をとっていて，そこから改めてどのような姿勢に変えられるか，といった自分自身の状態を把握することはボディ・スキーマの重要な機能であるが，姿勢は周囲の状況の見え方まで変えてしまうことがある。Higashiyama & Adachi（2006）は，姿勢の取り方が風景の見え方に影響を及ぼすことを明らかにし，2016年にイグノーベル賞を受賞した。

　Higashiyama らは股覗き（上半身を前屈し，両足の間から後方の風景を見る）の姿勢での大きさ知覚について定量的な検討を行った。さまざまな大きさの三角形の看板を，距離を変えて複数回提示し，股覗きで見た場合と正立姿勢で見た場合のそれぞれの条件下で看板の大きさと距離の判断を求めた。その結果，正立姿勢で見た条件では，提示された看板までの距離によらず大きさの判断は一定だったが，股覗きで見た条件では看板までの距離が伸びるのにともなって大きさを過小評価した。つまり，股覗きをすると大きさの恒常性が低下することを意味している。また距離感では，近距離に看板が置かれた場合には股覗き条件の方が正立条件より遠く見えるが，遠距離に看板が置かれた場合には正立条件の方が股覗き条件より遠く見えるという結果となった。

　Higashiyama & Toga（2011）では，写真を股覗きで見た場合（実験条件）と正立姿勢で見た場合の明るさの違いを判断させる実験を行い，股覗きで見た場合の方が，写真が明るく見えるという結果を報告している。股覗きをしながら写真の向きを変えずに見る実験1と，股覗きをしながら写真の向きを上下

逆さまにして見る実験2，股覗きはせずに写真の向きだけを上下逆さまにして見る実験3という三つの実験を比較検討しているが，明るさの感じ方に影響が見られたのは股覗きの姿勢で写真を見る実験1，2であった。

　股覗きをすると見え方が変化するのはなぜだろうか。股覗きをすると上体が逆さまになるため，当然ながら視界が上下逆になるという変化が生じる。それに加えて，前庭系の感覚入力や上体の筋肉の伸縮状態が変化する。また，上半身，特に頭への血流にも変化が起きる。東山は逆さメガネを用いて視界のみを上下逆転させた条件も検討しており，その場合には大きさや距離感には影響がないことも確かめている。単に上下逆だから大きさや距離の手がかりがつかみにくい，というだけの話ではない。距離感や大きさの判断は，視覚情報だけを手がかりにしているのではなく，姿勢や身体にかかる引力の方向によっても重みづけられているのである。

　先にも触れたとおり，創造的思考は周囲の環境の何気ない手がかりを契機にしても生じうる。そうした環境から得る手がかりも，その中で振る舞う人の姿勢や体勢によって変化する可能性がある。余談だが，1980年代前半に放映されていた「あばれはっちゃく」というテレビドラマがある。腕白だが機転の利くガキ大将「はっちゃく」こと桜間長太郎が，友人や家族のトラブルを解決していく物語で，この主人公はっちゃくは，危機を乗り切るアイデアをひらめくときに，決まって特定の動作や姿勢をとるのだが，その動作には倒立やブリッジといった頭を逆さにする姿勢であることが多かった。おそらく「発想の転換」を示唆する象徴的な動作だったのだろうが，ものの見方を変える目的としては案外理にかなった動作だったのかもしれない。

6.1　「私の身体」という感覚

する。この統合された情報は「ボディ・スキーマ（身体図式）」と呼ばれている。このボディ・スキーマは，身体の内外から届くさまざまな情報を統合して作り上げるものなので，さまざまな条件や理由から変幻自在に変わる。服を着たり，道具を使ったりしても変わる。例えば，高い帽子をかぶったシェフは，厨房とホールの間を出入りする際にも帽子を壁や天上に引っかけることは滅多にないし，大きな防具を着けて試合に臨むアメフト選手や剣道家は，自分の鎧が邪魔で動けずに試合に負けてしまうということはまずないだろう。以下ではそうしたボディ・スキーマが，いかに変幻自在であるかを示す研究を少し紹介してみたい。

6.1.1 拡張・投射される身体

ボディ・スキーマが可塑性に富むことを示す研究事例としては，サルの道具使用に関する研究が挙げられる（Maravita & Iriki, 2004）。この研究は，熊手のような道具を使いこなすように訓練したニホンザルの触覚や視覚に関わる脳部位の活動を調べたものである。熊手を与えられていない素手の状態では，自分の手のごく付近のみへの刺激にしか脳活動が見られなかった。しかし，熊手を使用する状況に置かれたときは，自分の手だけでなく，熊手付近への刺激に対しても脳活動が生じた。

例えば，レーザーポインターなどで手に光点をあてると，自分の手に光点が当てられたと認識する。しかし，道具使用の訓練を経たニホンザルは，持っている熊手に光を当てても，あたかも自分の手に光点が当てられたかのように反応したのである。使い慣れた道具は，彼らにとってまさに身体の一部として取り込まれた状態になっていた。興味深いのは，常に熊手が身体の一部として認識されるわけではなく，道具を使う状況になったときに限り身体の延長として認識される点である。何かを引き寄せるためでもなく，ただ熊手を

持たされただけの状況下では，こうした脳活動の変化は生じなかった。ボディ・スキーマは状況に応じて素早く柔軟に変化する。

　こうした道具が身体の延長になる現象は，もちろんニホンザルだけでなく，人間の身にも起きる。視覚を失った人が外を出歩くときは，杖を使って進路の障害物や段差を見極め，歩道上の点字ブロックの感触で岐路の存在を読み取る。杖には神経は通っていないのだから，杖を使って得る感触は棒を伝って手のひらに届いた衝撃にすぎない。しかし使い慣れていくと，杖の先端にまで自分の触覚が行き渡り，自分の手で触れているかのような感覚が得られる。視覚を失う経験はまれだというのなら，虫歯で被せ物や差し歯を入れた状況を想像してみてもよい。付けたばかりのときは異物感や噛み合わせの悪い感じを受けるかもしれないが，1日もすれば他の健康な歯と変わらないくらい，自分の身体になじんで一体化しているように感じるはずである。

6.1.2　ラバーハンド錯覚

　熊手や杖が身体の延長としてボディ・スキーマに取り入れられることは先に示したが，身体から離れた物や出来事に対しても，人は自分の身体を拡張することができる。そのことを示す現象にラバーハンド錯覚（Botvinik & Cohen, 1998）と呼ばれるものがある。この現象は，身体部位（主に手が用いられる）とそれに対応する作り物の手の両方に，同時・同期した刺激を繰り返し提示していくと，作り物の手が直接身体につながっていないにもかかわらず，自分の身体であるかのように錯覚してしまうというものである。

　このラバーハンド錯覚の実験では，実験協力者の片手の傍に，そっくりな作り物の手を置き，衝立などで実験協力者からは本物の手が見えないよう隠す。そして作り物と本物の両方の手を，同時に筆でなでるなどして繰り返し刺激する。しばらくすると主観的に

6.1　「私の身体」という感覚　　129

も作り物の手が自分の手のように感じられるだけでなく，もう一方の手で机の下から自分の手が置いてある位置を答えさせると，作り物の手の方に偏った答えをするようになる。こうしたラバーハンド錯覚は，触感だけでなく温感などでも生じることが報告されている（Kanaya, Matsushima, & Yokosawa, 2012）。

6.1.3　ブレインマシンインタフェース

　病気や怪我によって肢体の一部を失った人は，義肢によってそれを補うことも多い。具体例を挙げるとパラリンピックのアスリートたちがわかりやすいだろう。ファッションモデルかつ陸上競技のアスリートであるエイミー・マリンズは，幼いときに病気で切除した膝から下の脚に，状況に応じた義足を取り付けて活動している。アスリートとして活動するときは機能的で無駄のないデザインのチーターレッグを装備し，モデルとしてランウェイを歩くときは美しくデザインされたブーツと一体となった義足を纏う。こうした義足は失った身体を道具によって延長するような形で機能している。

　また，車椅子で活動する人たちは，自身の腕で車輪を回して移動する。この場合は，失われた身体の形状を補い，延長しているのではなく，足が果たしていた移動の役目を腕が代行することになる。

　近年研究が進んでいるブレインマシンインタフェースは，脳と直接装置をつないで脳からの身体動作に関わる信号を受け取って動作するという画期的な方法である。まるで SF 作品に出てくるサイボーグのようなこの方法は，サルやラットでの実験に成功しており，人間での利用も実現している。まさに自分の意思で道具を考えただけで操れるこの方法なら，失われた肢体を補う補装具を，より容易に自分のものにすることができるだろう。肢体の喪失だけでなく，身体の自由が効かなくなる筋ジストロフィーや，「アイスバケツチャレンジ」という活動を通して広く知られつつある ALS（筋萎縮

性側索硬化症）を患う人にも役立つかもしれない。

6.1.4　自己から離れていく身体，幻の身体

　前節では人が道具や物を自分の身体の一部のように捉えることができることを述べた。ここではその逆に，自分の身体が自分のものではないかのように感じられる現象について取り上げたい。

　身体完全同一性障害は，自分の身体に対して強い違和感や異物感を感じてしまい，その箇所を切除したいという強迫観念に駆られてしまう精神疾患である。これらの病状の原因は未解明の部分を多く残しているが，自分の身体各部と，その運動や感覚を担う脳領域との対応や接続関係に問題が生じたときに起こるとされている。

　一方，怪我によって肢体を失った人の中には，失ったはずの肢体の存在を感じ，自身の意思と反した動きをしているような体験をする人もいる。こうした現象は「幻肢」と呼ばれており，失った肢体とその肢体との感覚情報をやり取りしていた脳部位との対応がつなぎ変わることで起きるとされている。腕を失うことで，それまで腕からの感覚情報を処理していた脳部位は役目を失ってしまう。そうすると，その部位は他の身体部位との神経のつなぎ替えが生じて，腕以外からの感覚情報を受け取るようになる。脳細胞は基本的には身体から信号が届いたか否かしかわからないため，つなぎ代わった身体部位から腕を担当していた脳部位に信号が送られても，その脳部位は腕ではない身体部位から送られた信号だとわからないのである。すると脳は，失ったはずの腕から信号が来ている以上，腕はあるのだと結論づけ，幻肢という錯覚を体験してしまうというわけだ。

　こうしてみると，自分の身体が自分のものでなくなる病がある一方で，もともとは身体でないモノを用いて，自分の身体の一部として拡張することも可能になりつつあり，「自分の身体」もまた変幻

6.1　「私の身体」という感覚 131

自在で境界線の曖昧なものであることを思い知らされる。これらの知見からの重要な示唆は，「自分の身体」の線引きが，肉体だけを境界線にして決めることはできないという点である。

　私たちは道具を身体の一部のように感じることができることはすでに触れた。ブレインマシンインタフェースのように脳からの指令を受け取って身体の代理をするものもあれば，脳と接続していなくても使っているうちに身体の一部，延長のように感じられる現象もある。ラバーハンド錯覚に至っては，身体と直接つながっていなくても自分の身体のように感じてしまう。私たちの身体は肉体の外にまで広がることができる。その一方で，自分の身体の一部であっても怪我や病気で自在に動かせないことは誰でも経験しうる。そうしたとき，自分の身体なのに異物感を感じる。歯医者で局所麻酔を打たれたことがある人ならば，見た目には正常なのに口の周りができ物でもできたかのように腫れ上がったような感じを経験したことがあるだろう。さらに現実には，異物感どころではすまない，身体を乗っ取られたかのような感覚を抱く状況も存在するのである。

6.1.5　乗っ取られる身体

　前節では，実体をもっている自分の身体が自分のものではないように感じられる例や，逆に存在していない自分の身体を感じてしまう例を紹介した。さらに衝撃的な現象に，「他人の手症候群（エイリアン・ハンド・シンドローム）」と呼ばれるものがある。前頭葉内側部，頭頂葉などの損傷が原因で起きる運動障害である。特に前頭葉は自身の行動の計画性やモニタリング，コントロールに関わる重要な役割を担う。これが損傷することにより，自分の身体の一部が自分の意図どおりに動いてくれない，あるいは意図に反した無関係な（しかし何らかの目的を伴った）動きをしてしまう。例えば，一方の手はボタンを留めようとしているのに，もう一方の手は自分

の意図に反してボタンを外そうとしてしまうといった行動である。この障害から示唆され，特に本書に関わる重要な点は，本人の意思に反していながら，でたらめではない，目的を持った動きができているということである。

　本書ではこれまで，ひらめきに至る前には目の付け所が自覚なく変わっていることや，努力する他者の姿が視界に入っているだけで自分の行動まで変化する目標伝染などを取り上げてきた。人は日常の中で常に自分の動作を一から十まですべて計画・監視・コントロールしながら生きているわけはないし，そのようなことをしていたら思考が動作に追いつかないだろう。私たちが普段行うような目的のある動作は，脳の高次の運動野に記憶されていて，道具を見たり触れたりするといった些細なきっかけからでも起動される。そのおかげで，多数の肢体と関節を操る私たちがその操作一つひとつに追われずに済み，考え事をしながら人混みの中を歩けたり，助手席の人と談笑しながら車の運転ができたりするのである。

6.2　自他を分ける身体

　前節では，自分の身体でありながら，自分の意思に反して勝手な動作を始める現象について取り上げた。自分の意思に露骨に反する動作をするのであれば，確かに誰かに乗っ取られたか，肢体自身に別の意思が宿ったかのように思えてしまうのも仕方ないだろう。しかしそれ以外にも，自分の身体でありながら自分のものではないと感じてしまう要因がある。

6.2.1　自分と他人を区別する手がかり

　第4章で自分自身の試行でも他人の試行だと思い込めば，協同に近い状況を作ることができることを述べたが，時間をおくこと（刺激の随伴性の問題）は，自分の行動を自分のものとして認識す

る上で重要な要因になる。そのことを示す例として，「自分自身を
くすぐることができるか」という問題がある。

　おそらく，自分自身をくすぐるという行為自体はできるだろう。
しかし，他人にくすぐられる場合に比べると，自分で自分をくすぐ
った場合は，ほとんどくすぐったく感じないはずだ。その理由は，
他人の手でのくすぐりは予測できないが，自分の手でくすぐる場合
は予測できてしまうからである。自分で自分をくすぐるときは，脳
から手へ，くすぐるための手の運動指令が送られるが，このとき脳
は自分の運動指令のコピーを作っておき，実際の運動との照合を行
う。このコピーはいわば「自分の運動」というイベントの予定表の
ようなもので，脳は指示を出した身体が予定表どおりに動いている
かチェックしているのである。指令どおりに運動が行われ，コピー
との照合が無事に行われれば，自分の動きであるとわかる。このと
きの照合で，人は自分の行為で何が起きるのか，ある程度予測でき
てしまうのである。自分をくすぐろうとしても，実際にくすぐりを
行う前に自動的に予測してしまうので，くすぐったくは感じない。

　しかし，この予測する脳に対して，予測を外すための少しの時間
差を置くと，自分で自分をくすぐることが可能になるのである。こ
のことを実際にロボットアームを使って試した研究もある（Blake-
more, Wolpert & Frith, 2000）。実験参加者には片手でロボットア
ームを操作し，もう一方の手をくすぐるよう指示する。このとき，
実験参加者の入力操作からロボットアームの動作までのインターバ
ルをさまざまに変えて，くすぐったさに違いがあるか調べたのだ。
すると，インターバルが空いている方がくすぐったさをより感じや
すいという結果が得られた。インターバルを空けることで自分のく
すぐりを他人のくすぐりのように感じることができるのである。

　発達心理学からもこれに関わる有用な知見が報告されている。自
己鏡映認知研究では幼児が鏡に映った自分を自己として認識する際

に，刺激の随伴性が重要であるという結果が示されている。典型的な実験では，幼児に気づかれないように体にシールを貼るという，ちょっとしたいたずらを仕掛ける。その直後に幼児に自分の姿を映したモニターを見せ，貼られたシールに気づけるかどうかを調べるのである。シールを探せるならばモニターに映っているのは自分自身であると理解できているというわけである。

Miyazaki & Hiraki（2007）はこの実験パラダイムに則り，2歳から4歳の幼児にリアルタイムの映像や秒単位の時間遅れをつけた自身の動画を見せ，動画に映っているのが自分の姿とわかるか観察した。その結果，3歳児では2秒以下の遅れであれば，動画に映っているのが自分の姿であると判断できることが示された。

余談だが，時間差によって自分の動作を自分のものでないように思わせる方法について逆転の発想もできる。自分以外のものに，自分が提示されたものと同じ触覚刺激を時間差なく提示するのである。これは先に挙げたラバーハンド錯覚と同じ状況であり，自分以外のものを自分の一部であるかのように錯覚してしまうのである。これらの知見から，自分自身に起きた体験を我がこととして認識するには，体験するタイミングと随伴性が重要であることがわかる。

6.2.2　自分の中に他人を宿す人々

創造的思考において他者との協同が有効なことはすでに述べているが，遅延時間をとって自分自身を観察することで自分の振る舞いを自分のものではないように擬似的に感じることも可能である。その一方で，自らそうした操作をしなくても自分の中に他人が語りかけてくるような感覚を抱く人々もいる。

統合失調症を抱える人には，まるで第三者がテレパシーのように自分の心に語りかけてくる幻聴を体験する人がいる。その場には誰も語りかけてくる第三者が存在していないにもかかわらずである。

こうした幻聴はなぜ生じるのか。これについても神経科学的な機序が明らかにされつつある。

　幻聴の原因を考えるにあたり，先に知っておくべきこととして，私たち自身の心の声（内言）を理解しておく必要がある。私たちは自分の考えをいちいち声に出さずに心の中で喋ることができる。私たちは日常的に，声に出してお世辞を言いながら心の中では罵倒したり，表向きは平謝りしながら心の中では「なんで俺が謝らないといけないんだ」などと愚痴ったりしている。このような声が出るには至らない心の声を「サブボーカルスピーチ」と呼ぶ。このサブボーカルスピーチを行っている最中は，脳の前頭葉と側頭葉，発声に用いられる声帯筋が電気的な活動しているため，実際に心の中ではメッセージを作り上げている。しかし，発声という動作までは行われないため，心の中に留まっているのである。ここまでは統合失調症の人でなくとも，私たちの誰もが日常的に行っていることだ。

　統合失調症の人の身に起きていること，それは，自身が作り出した心の声が自分のものであるとわからなくなるということだ。前述した「自分をくすぐれない理由」の中で，人は自分の運動指令が自分から発されたものだとわかるようにするために，脳に運動指令のコピーを作ることを述べた。ここで触れているサブボーカルスピーチにおいても同じことが当てはまる。サブボーカルスピーチを発するとき，その運動指令のコピーを作っておき，実際に身体に送られた運動指令との対応をチェックするのである。こうしたチェックを行うことで，私たちは自分のサブボーカルスピーチが自分のものだと自覚することができる。もしこのチェックができないとすると，自分の心の声が自分のものとわからなくなるのである。すると私たちはその状況から「心の声の主が自分でないのなら第三者が発したものだ」と結論づける。これが統合失調症の人が体験する幻聴の原因だと考えられている。自分の心に語りかけてくる謎の第三者の正

体は，他でもない自分自身だったのである。

　自分の心の声が自分のものでないと感じることは，ある意味では創造的思考にとって強みとなるケースもありうる。具体的に言えば，他人の力を借りずに自分の考えをまるで第三者の意見として受け取ることができる，いわば「一人協同問題解決」状態である。創造的思考と統合失調症の傾向との関連として，認知的脱抑制による影響について 2.2.1 節でも触れた。統合失調症の傾向が創造的思考にとって促進的な役割を果たすとしたら，こうした幻聴も寄与しているかもしれない。かつての創造性に対する「神秘的アプローチ」もまた，こうした統合失調症傾向をもった傑物たちが，自身のアイデアを外部からやってきた天啓として錯覚したものだと考えれば合点がいく。1994 年にノーベル経済学賞を受賞したジョン・ナッシュは統合失調症と診断されており，科学者でありながら異星人の存在や彼らからのメッセージを信じていた。また画家のムンクは絵画「叫び」で知られるが，この作品には人物は耳を塞いで苦悩する人物が描かれている。この様子は，ムンク本人が体験した幻聴がもとになっているといわれている。

6.3　身体が変わると思考も変わるか

　私たちは実際に身体を失わなくても，錯覚を通してある程度身体の変容を体験することができる。前章では身体と道具や題材との相互作用によってアイデア生成の仕方が変わる例を紹介したが，錯覚や VR などを使って普段と違う身体で振る舞うことで，それまで思いつかなかったアイデアに気づける可能性もある。Bailenson らの研究プロジェクトでは，VR（バーチャルリアリティー）体験内で用いるアバターが他者との態度に及ぼす影響を検討している。昨今のコンピューターゲームでは，自分の分身となるアバターを作成してゲーム内の登場キャラクターとして用いることが多い。アバタ

ーは多くの場合，ゲーム開始時にプレイヤーの好みの体格や外見にカスタマイズできる。Bailenson らは，このアバターがプレイヤーの実際の身体と違う体格であった場合に，他者との協力行動に影響が及ぶかどうかを心理学実験で検討した。

　プレイヤーは実験前に自分の体格に近いアバター，より大きな体格のアバター，小さな体格のアバターのいずれかを割り当てられる。このとき，ヘッドマウントディスプレイを用いているので，プレイヤーは自分の体格とアバターとの違いを，仮想のゲーム空間内での視覚情報から察することになる。ゲーム空間なので，自身の姿を確認する鏡を用意するのも簡単にできる。与えられたアバターの操作に慣れたところで，続いて他プレイヤーとの交渉ゲームを行う課題に移る。生身のプレイヤーたちは相手の実際の身体を知ることはできないし，アバターの体格なども架空のものにすぎない。このような見た目だけの違いで交渉に影響など見られないのではないかと思われるかもしれないが，実験の結果では交渉相手より小さい体格のアバターを使っているとき，自分に有利に交渉を進めることができなくなった。

　Yee & Bailenson（2006）の研究では，VR を使って偏見や差別を解消できるかという問題にもチャレンジしている。この実験でも先の実験と同様に，VR による高齢者のアバターを操作してもらい，ゲーム空間内の他者と対話し，簡単な記憶テストとアンケートへの回答を求めるという課題を課した。他者との対話では，自分は老人型のアバターを使用している一方で，相手は若者型のアバターが使用されるように準備されていた。また記憶テストでも，若者型のアバターから問題が出題される。これらはすべて自分が高齢者であるという認識を強めるための実験操作である。こうした作業の後に，実験参加者に高齢者に対する意識調査を課したところ，高齢者へのネガティブな態度が抑制されるという結果が得られた。この結

果は，VR で高齢者の立場に立つ体験をすることで，高齢者に共感的な態度をとることが促されたのだと考えられる。

さらにこのアプローチでは，視覚障碍者の立場を体験する場合の効果も検討された。実験では色盲についての説明を二つのグループに行い，一方のグループには色覚異常者の感覚を疑似体験できる VR ヘッドセットを与えて色刺激による仕分け課題を課した。もう一方のグループには通常の VR ヘッドセットを与えて同様に仕分け課題を課したが，色覚異常者になったつもりで作業するように教示した。その後，質問紙調査で色覚異常者に対する態度を比較したところ，色覚異常者の疑似体験を行ったグループは色覚異常者に対してポジティブな態度を示すという結果が得られた。

これらの実験は，仮想的ではあるが，他者の身体で振る舞うことによって，その他者の立場に共感的な態度になることを示唆している。こうした他者への態度は一見，創造的思考に影響するようには思えないかもしれないが，Apple のブランドロゴを瞬間提示することで創造性評価の高いアイデアが生成されるという知見（2.4.2 節）を思い出して欲しい。この知見では企業のブランドロゴ提示によって，企業イメージにふさわしい態度でアイデア探索の課題に臨むことが促されたと考えられる。VR によって普段の自分とは異なる立場を経験することで，同様にアイデア探索への取り組み態度や意欲を望ましい方向へ誘導できるかもしれない。

ただし，この方法はどのような立場にもなりきって共感的な態度を促せるわけではないことに注意されたい。白人・黒人といった人種差別を扱ったケースや全盲の状況を疑似体験させるといった取り組みも行われたが，共感的態度を促すことはできなかったという報告もある（Groom, Bailenson & Nass, 2009; Silverman, 2015）。肌の色の違いは色盲ほど VR 体験に違いをもたらすものではないため，VR を用いた実験での効果は出にくいのかもしれない。また

コラム⑥：脳をだまして身体を変える

　本書では肢体や感覚を失ってしまった人々の例を取り上げることが多いが，そういった状況でなくとも，自分の身体が変わる不思議な感覚を体験する方法がある。目を閉じた状態で，片腕の肘関節の上腕二頭筋に一定の周波数の振動刺激を加える。この振動刺激に対して，腕は肘関節を屈曲する反応（緊張性振動反射）を示す。この緊張性振動反射が生じているとき，腕を固定し，屈曲を強制的に止めると，腕が屈曲とは逆に伸ばしているような錯覚が得られる。これは，振動刺激に対して筋肉にある筋紡錘（筋肉の伸縮状態を脳に報告する役目を担う）が反応し，脳に関節や筋肉の誤った伸縮状体の情報を送ってしまったことから生じる。また，この錯覚の最中に，腕を止めるだけでなく実際に腕を伸ばしてやると，自身の関節の可動域を超えて腕が曲がるような奇妙な感覚が体験できる（Craske, 1977）。

　これらの体験は，外部からの振動刺激によってマッスルメモリーがだまされている状態だと考えられる。上腕二頭筋に振動が与えられると，その振動を筋肉の屈伸によるものとして，筋紡錘が脳にフィードバックを送ってしまい，脳は腕の屈伸が行われたと誤認してしまう。この錯覚は，現象自体が興味深いだけでなく，腕のリハビリ治療などへの応用も期待できる。骨折や麻痺によって長期間腕を動かせなかった患者が，腕を動かす感覚を取り戻すためのリハビリに，こうした錯覚が応用できるだろう。

　さらに奇妙な体験ができる錯覚として，「ろくろ首錯覚」と呼ばれるものがある。これは，首の回転角度を増幅して視界が回転するよう作られた特殊な潜望鏡（首を右に 10° 回転させると 20° 右の視野が見えるようにしてある）を通して周囲を

見回すと，自分の首が真後ろまで回ってしまうかのような感覚が得られるというものだ。今ならこの潜望鏡にあたる装置はVRヘッドセットなどを使えば簡単に作れるだろう。また，先に紹介した腕を動かした気がする錯覚にはさらに奇妙な続きもある。目を閉じて片手で鼻をつまんだ状態から，鼻をつまむために屈曲している上腕二頭筋に振動刺激を加えると，鼻が伸びる感覚が得られる。これは「ピノキオ錯覚」（Lackner, 1988）と呼ばれる現象として知られている。

これらの身体の変容を感じさせる錯覚には，脳のつじつま合わせ（第1章コラム①参照）が深く関与している。ろくろ首錯覚では，実際の首の運動と視覚に入ってくる光景とが矛盾している。こうした場合，脳はつじつまを合わせるために首の運動感覚の方を視覚に合わせ，実際の首の可動域よりも首が回ったのだと認識する。またピノキオ錯覚では，先ほど紹介した腕の屈伸の錯覚を鼻をつまんだ腕で行うことで，腕は鼻をつまむために屈伸ができない固定された状態になる。しかしながら，本人の主観では腕を伸ばしたかのような錯覚を受ける。この「実際には固定されている」腕と「主観的には伸ばすことができた」腕という二つの背反した認識に対して脳が選ぶ結論は，「つままれた鼻の方が伸びた」という第三の答えであったというわけだ。

6.3　身体が変わると思考も変わるか　　141

全盲の人々は，長い期間を経て全盲の生活に対応してきているため，健常者が実験中のほんの僅かな期間だけ全盲を疑似体験しても，状況の変化に戸惑うばかりで全盲の人々の心境には近づけないのだろう。現状では立場の異なる他者への共感や態度変容への応用が進んでいるが，こうした VR の応用によって偏見や固定観念を超えることができるのならば，アイデアの探索を妨げる初期制約を緩和することにも有用だろう。

　とはいえ，こうした仮想空間内での仮の身体であるアバターですらプレイヤーの態度を変えてしまうのだから，道具や補装具によって身体が変わることで発想や環境の見え方が変わることも十分あり得るだろう。Bailenson が用いた VR は視聴覚情報を用いた VR であったが，今後，触覚や嗅覚といった情報もプレイヤーに提示できる VR が登場した場合には，アバターを通した身体動作がよりリアルなものに感じられるかもしれない。先に紹介した，阿部（2010）でのプラ板を使ったアイデア生成でも，手のサイズとプラ板のサイズによって生み出されるアイデアが変わってくることが報告されていた。架空の身体によって身体を拡張し，普段と違う関わり方ができるようになれば，行き詰まっていたアイデア探索を打開する契機が生まれる可能性もあるだろう。

6.4　水槽の中の脳は創造的になれるか

　本章では変幻自在な身体の性質について取り上げた。前章では思考する私たちの心と，手がかりを与えてくれる環境との間をつなぐ存在として身体の重要性を述べたが，どこまでを身体とするのかという点は，単純には線引きはできない。紛れもない自分の身体でありながら，異物感を感じたり，他者に操られているような感覚を覚えたりする一方で，神経の通っていない道具や，自身と直接接触してすらいない物体にまで自分の身体であるかのような感覚を得るケ

ースもある。自分の身体が自分のものでないと思えるとき，極端な場合，自分の思考ですら他人からのテレパシーのように感じてしまう。しかし，こうした身体の曖昧さは創造的思考にとってはネガティブな要因であるとは言い切れない。

自分の思考が他人からの言葉のように思えることは，擬似的な協同問題解決のような状態を一人で作りだすことができるとも考えることができる。その一方で，第4章で触れたように，そこに生身の人間が実際にいなくても，他人とコミュニケーションをしていると思い込むこともある。私たちは創造的思考を助けてくれるパートナーを自分自身の内外に見つけることができるともいえる。

一方，近年普及と発展の著しいVR技術を応用すれば，擬似的に未体験の身体で思考することも可能になる。例えば，人間とは手足や関節の数から異なる別の生物の身体になることも不可能ではない。Won, Bailenson & Lanier（2015）では，私たちがロブスターのアバターですら自由に操れるようになることを報告している。手足の数が違えども，私たちが日常の身体動作の中であまり意識的して使っていない部位をロブスターの肢体操作に割り当てることで，今まで使ったことのない本数の足や腕を自分の意思で操れるようになるという。腕の数が増えたらどのようなことができるかと想像する時点ですでに創造性を働かせたくなる状況なのに，仮想空間上とはいえ，実際にそうした身体を使ってアイデアを考えたり，他者と協同したりして創作活動することが可能になりつつある。

では，実体としての身体・肉体は必要ないのだろうか。究極的には，リアルな体験を脳に伝える仮想空間でアバターを纏って，やはり同様に多様なアバターを纏った擬似的な他者と協同しながらアイデアを模索すればよいのだろうか。脳と身体に関わる代表的な思考実験に「水槽の中の脳」（Putnum, 1982）と呼ばれる話がある。私たちの脳が身体の代わりに，この世界を忠実に再現した仮想世界

を提示するコンピュータにつながれた場合，私たちはそのことを自覚できるのかという問いである。映画『マトリックス』，あるいは星新一の小説のような世界観だが，すでにそれに近い状況を作り出すことができつつある。こうした仮想空間に囲まれた脳だけの存在が創造的になれるのかどうかは，VR 研究や肢体不自由学など，まだ新しい研究分野も含めた議論も必要になるだろう。しかし，仮想空間の中で普段と違う身体で振る舞うことができるならば，少なくとも個人の中で生み出されるアイデアの幅は広がることが期待できるのではないだろうか。

創造性はどこからくるか，どこにあるか

終章

　本書では創造性はどこからやってくるかという問題に焦点を当てて，関連する知見を取り上げてきた。第1章ではこれまでの創造性，洞察問題解決研究の諸理論を紹介し，それまでオカルト的な目を向けられてきた創造性が，科学的な研究の対象として洗練されていくまでの過程を紹介した。第2章ではひらめきに関わる潜在処理の寄与について取り上げた。ひらめきの突発性はランダムに外部からアイデアを受信するからではなく，潜在処理として無自覚に進む自身の思考の変化に気づくことで起こる。潜在処理には本人も注意を向けず，意識に上ることのなかった外部からの刺激がきっかけとなって創造的思考に作用するものもある。誰からの助けもなく，外部からの手がかりも得ずに完全な独創を果たすことは難しい。第3章ではそうしたひらめきを促す外的資源について取り上げた。特に外的資源として寄与の大きいものとしては，協同する他者が挙げられる。第4章ではこの他者のあり方や役割について議論した。創造的思考での他者との協同の効果は大きいが，そこに立つ他者は，必ずしも生身の実在する人間でなくともよい。私たちは誰もいないところに他者の気配を感じることもあるし，自分の行いをまるで他人のことのように見直すといった方法で擬似的な協同を一人でこなすこともできる。第5章，第6章ではそうした私たちの心と環境の間をつなぐ身体の役割について取り上げた。私たちは環境

145

から手がかりを一方的に受け取るばかりでなく，身体を使って環境に働きかける。環境を変えるだけでなく，手の動きから目の動きまで，身体を動かすことそのものが，私たちの創造的思考を方向付けることすらある。「私たちの身体」は時には肉体の外の物体にまで拡張されることもあれば，紛れもない私たちの肉体であるにもかかわらず，異物や他者のもののように感じることもある。心と身体と環境の境界は，シンプルな直線で線引きできるものではなく，環境の中で振る舞いながら柔軟に変化していくものだといえる。

　それでは結局のところ，創造性はどこから訪れるか，どこにあるか。本書の結論としては，「どこにでもあるし，どこかにあるものでもない」ということになる。すでに創造性研究では創造性を特定の個人の才能として捉える見方は主流ではなく，人間一般に備わる認知機能の作用から生じる物として見ている。とはいえ，創造性を発揮することに特化したシステムが私たちの脳や心に備わっているというわけでもない。

　創造的思考には，潜在処理と顕在処理の両者の相互作用が重要な役割を果たしているが，その二つのシステムだけで創造的思考が成り立つわけでもないだろう。潜在処理に働きかける環境からの刺激や，環境と心の間で相互作用を助ける身体の役割も大きい。そしてその身体もまた，環境や状況に応じて自分のものになったり，他人のものになったりと変幻自在である。創造的思考はこうした私たちの内外に遍在するさまざまな要因の相互作用から生み出されるものであって，これらの優劣や序列を追い求めることにはあまり意味がないだろう。まして，創造性の起源にあたる唯一絶対のものは見つかりようもない。

　こう述べると，「すでに無数の蓄積がある発想法や創造性育成のための教育は無意味なのか」と思われるかもしれない。「創造性を伸ばすためには右脳を鍛えよ」，「このツールやテクニックを使え」

といった話題はよく耳にするが，それらはすべて無意味であると言っているのではない。考え方のコツとなる発想法や，アイデアを出しやすくするための環境整備やツールは，心と環境と身体の相互作用のバランスやパターンを変え，新たな着眼点の契機を与えてくれるはずである。

　こうして問題解決のために右往左往している最中にも，環境から身体を通して私たちへ無数の情報が送りこまれる。私たちはそのことを自覚できず行き詰まりを感じるかもしれないが，潜在処理は少しずつ試行し，思考し，体験したことをもとに誤った制約を緩和し，新たな手がかりへの感度を高めていく。こうして少しずつアイデアの発見に至る準備を積み上げていけばよい。

　強いて，ここまでの議論から創造的思考をするための教訓めいたことを述べるとするならば，「失敗を恐れずに愚直に自ら行動し，体験すること」が挙げられる。現状では最も有力視されている制約論的アプローチに従うと，試行錯誤を通して初期の誤った制約を解消することが洞察に至る堅実な方法だといえる。試行錯誤することで，環境を変え，変化した環境から新たな手がかりが得られるかもしれない。そしてその環境の中の手がかりを手がかりとして認識できるかどうかは，事前知識や身体との相性が関係する。ある身体をもった人にとっては見過ごされてしまうような手がかりが，別の身体をもった人にはポップアップされて見えるかもしれない。自分の知識と身体では見つけにくい手がかりがあるならば，他者の協力を得ればよい。誰もが他の誰かの創造性を触発する可能性を秘めているのである。

終章　創造性はどこからくるか，どこにあるか

参考文献

Aarts, H., Gollwitzer, P. M., & Hassin, R. R. (2004). Goal contagion: Perceiving is for pursuing. *Journal of Personality and Social Psychology*, **87**, 23-37.

阿部慶賀 (2010). 創造的アイデア生成過程における身体と環境の相互作用. 認知科学, **17**, 599-610.

阿部慶賀 (2011). 情報モラル・ネチケット理解度に関する世代間比較—高齢者と学生の相違点—. 情報コミュニケーション学会第 8 回大会発表論文集, 34-35.

Abe, K. (2011). Interaction between body and environment in insight problem solving. *Proceedings of the 33rd Annual Meeting of the Cognitive Science Society*, 728-732.

阿部慶賀 (2012). 多義的図形解釈における身体動作の影響. 認知科学, **19**, 226-229.

阿部慶賀 (2013). 自動返信機能による電子メールマナーへの影響. 情報コミュニケーション学会第 10 回大会論文集, 93-96.

阿部慶賀 (2016). 「重い」と思うことは印象評価を変えるのか—印象評価における重量刺激の主観量と物理量の影響—. 実験社会心理学研究, **55**, 161-170.

Ackerman, J. M., Nocera, C., & Bargh, J. A. (2010). Incidental haptic sensations influence social judgments and decisions. *Science*, **328**, 1712-1715.

兄井彰 (2003). 把持のアフォーダンス知覚に及ぼす錯視の影響. 第 13 回運動学習研究会報告集, 72-76.

有賀敦紀 (2013). 社会的比較による洞察の促進・抑制. 心理学研究, **83**, 576-581

Barsalou, L. W. (1999). Perceptual symbol systems. *Behavioral Brain & Science*, **22**, 577-660.

Beeftink, F., Eerde, W. V., & Rutte, C. G. (2008). The effect of interruptions and breaks on insight and impasses: Do you need a break right now? *Creativity Research Journal*, **20**, 358-364.

Blakemore, S. J., Wolpert, D. W., & Frith, C. (2000). Why can't you tickle yourself? *Neuroreport*, **11**, R11-16.

Botvinick, M., & Cohen, J. (1998). Rubber hands 'feel' touch that eyes see. *Nature*, **391**, 756.

Cacioppo, J. T., Priester, J. R., & Berntson, G. G. (1993). Rudimentary determinants of attitudes, II : Arm flexion and extension have differential effects on attitude. *Journal of Personality and Social Psychology*, **65**, 5-17.

Carmichael, L., Hogan, H. P., & Walter, A. A. (1932). An experimental study of the effect of language on the reproduction of visually perceived form. *Journal of Experimental Psychology: General*, **15**, 73-86.

Carson, S. H. (2011). Creativity and psychopathology: A shared vulnerability model. *Canadian Journal of Psychiatry*, **56**(3), 144-153.

Church R. B., & Goldin-Meadow, S. (1986). The mismatch between gesture and speech as an index of transitional knowledge. *Cognition*, **23**, 43-71.

Craske, B. (1977). Perception of impossible limb positions induced by tendon vibration. *Science*, **196**, 71-73.

Cytowic, R. E. (1993). "The Man Who Tasted Shapes". G. P. Putnam's Sons. (山下篤子 訳, 『共感覚者の驚くべき日常―形を味わう人, 色を聴く人―』草思社, 2002.)

Dijksterhuis, A., & Meurs, T. (2006). Where Creativity resides: The generative power of unconscious thought. *Consciousness and Cognition*, **15**, 135-146.

Festinger, L. (1954). A theory of social comparison processes. *Human relations*, **7**(2), 117-140.

Fitzsimons, G. M., Chartrand, T. L., & Fitzsimons, G. J. (2008). automatic effects of brand exposure on motivated behavior: How apple makes you "Think different". *Journal of Consumer Research*, **35**, 21-35.

Förster J, Strack F. (1996). Influence of overt head movements on memory for valenced words: A case of conceptual-motor compatibility. *Journal of Personality and Social Psychology*. **71**, 421-430.

Friedman, R. S., & Förster, J. (2000). The effects of approach and avoidance motor actions on elements of creative insight. *Journal of Personality and Social Psychology*, **79**, 477-492.

Friedman, R. S., & Förster, J. (2002). The influence of approach and avoidance motor actions on creative cognition. *Journal of Experimental Social Psychology*, **38**, 41-55.

Fukuda, H., Suzuki, H., & Yamada, A. (2012). Automatic facilitation of social behavior by implicit inferring of social intention. *Proceedings of the 34th Annual Meeting of the Cognitive Science Society*, 2672.

Gibson, J. J. (1979). "The Ecological Approach to Visual Perception", Houghton Mifflin. (古崎敬 訳 『生態学的視覚論―ヒトの知覚世界を探る』サイエンス社, 1986.)

Goldschmidt G. (1991). The dialectics of sketching. *Creativity Research*

Journal, **4**(2), 123-143.

Groom, V., Bailenson J. N., & Nass, C. (2009). The influence of racial embodiment on bias in immersive virtual environments. *Social Influence*, **4**, 1-18.

服部雅史・柴田有里子（2008）．洞察問題解決における潜在認知とメタ認知の相互作用：9点問題の場合．日本認知科学会第25回大会発表論文集，156-159．

服部雅史・織田涼（2011）．洞察問題解決における潜在認知とメタ認知の相互作用：9点問題の場合．日本認知心理学会第9回大会発表論文集，7．

林勇吾・三輪和久・森田純哉（2007）．異なる視点に基づく協同問題解決に関する実験的検討．認知科学，**14**，604-619．

Heider, F., & Simmel, M. (1944). An experimental study of apparent behavior. *The American Journal of Psychology*, **57**, 243-259.

Hess, T. M., Auman, C., Colcombe, S. J., & Rahhal, T. A. (2003). The impact of stereotype threat on age differences in memory performance. *The Journal of Gerontology: Series B*, **58**(1), 3-11.

Higashiyama, A., & Adachi, K. (2006). Perceived size and perceived distance of targets viewed from between the legs: Evidence for proprioceptive theory. *Vision Research*, **46**, 3961-3976.

Higashiyama, A., & Toga, M. (2011). Brightness and image definition of pictures viewed from between the legs. *Attention, Perception, & Psychophysics*, **73**, 151-156.

開一夫・鈴木宏昭（1998）．表象変化の動的緩和理論─洞察メカニズムの解明に向けて─．認知科学，**5**，69-79．

Isaak, M. I., & Just, M. A. (1995). Constraints on thinking in insight and invention. In R. J. Sternberg & J. E. Davidson (Eds.), "The nature of insight". The MIT Press. 281-325.

Isen, A. M., Daubman, K. A., & Nowicki, G. P. (1987). Positive affect facilitates creative problem solving. *Journal of Personality and Social Psychology*, **52**, 1122-1131.

Jostmann, N. B., Lakens, D., & Schubert, T. W. (2009). Weight as an embodiment of importance. *Psychological Science*, **20**, 1169-1174.

Kanaya, S., Matushima, Y., & Yokosawa,K. (2012). Does seeing ice really feel cold? Visual-thermal interaction under an illusory body-ownership. *PLoS ONE*, 7(11): e47293. doi:10.1371/journal.pone.0047293.

Kaplan, C. A., & Simon, H. A. (1990). In search for insight. *Cognitive Psychology*, **22**, 374-419.

Kay, A. C., Wheeler, S. C., Bargh, J. A., & Ross, L. (2004) Material priming: The influence of mundane physical objects on situational construal and competitive behavioral choice. *Organizational Behavior and Human*

Decision Processes, **95**(1), 83-93.

茅原伸幸 (2003). シルエット錯視, URL: http://www.procreo.jp/labo/labo13.html

Keane, M. T., & K. J. Gilhooly Eds. (1992). "Advances in the psychology of thinking. Vol.1". Harvester Wheatsheaf. 1-44.

城戸楓・牧岡省吾 (2009). 両眼視野逃走下における言語認知のプライミング効果. 日本認知科学会第 26 回大会発表論文集, 104-107.

Kinney, D. K., Richards R., Lowing P. A., Leblanc, D., Zimbalist, M. E., & Harlan, P. (2001). Creativity in offspring of schizophrenic and control parents: an adoption study. *Creativity Research Journal*, **13**(1), 17-25.

清河幸子・伊澤太郎・植田一博 (2007). 洞察問題解決に試行と他者観察の交替が及ぼす影響の検討. 教育心理学研究, **55**, 255-265.

Kiyokawa, S., & Nagayama, Y. (2007). Can verbalization improve insight problem solving? *Proceedings of the 29th Annual Conference of the Cognitive Science Society*, 1791.

Knoblich, G., Ohlsson, S., Haider, H., & Rhenius, D. (1999). Constraint relaxation and chunk decomposition in insight problem-solving. *Journal of Experimental Psychology: Learning, Memory, and Cognition*, **25**, 1534-1555.

小寺礼香, 清河幸子, 足利純, 植田一博 (2011). 協同問題解決における観察の効果とその意味：観察対象の動作主体に対する認識が洞察問題解決に及ぼす影響. 認知科学, **18**, 114-126.

Krishna, A., & Morrin, M. (2008) Does touch affect taste? The perceptual transfer of product container haptic cues. *Journal of Consumer Research*, **34**, 807-818.

Lackner J. R. (1988). Some proprioceptive influence on the perceptual representation of body shape and orientation. *Brain*, **111**, 281-297.

Leung, A. K., Kim, S., Polman, E., Ong, L. S., Qiu, L., Goncalo, J. A., & Sanchez-Burks, J. (2012). Embodied metaphors and creative "Acts". *Psychological Science*, **23**, 502-509.

Loftus, E. F., & Palmer, J. C. (1974). Reconstruction of automobile destruction: An example of the interaction between language and memory. *Journal of verbal learning and verbal behavior*, **13**, 585-589.

Maravita, A., & Iriki, A. (2004). Tools for the body (Schema). *Trends in Cognitive Sciences*, **8**, 79-86.

松下幸之助 (2001)『人生心得帖』PHP 研究所.

Mednick, S. A., (1962). The associative basis of the creative process. *Psychological Review*, **69**, 220-232.

Mehta, R. Zhu, R., & Cheema, A. (2012). Is noise always bad? Exploring the effects of ambient noise on creative cognition. *Journal of Consumer Research*, **39**, 784-799.

Metcalfe, J., & Wiebe, D. (1987). Intuition in insight and noninsight problem solving. *Memory & Cognition*, **15**, 238-246.

Meyers-Levy, J., & Zhu, R. J. (2007). The Influence of ceiling height: the effect of priming on the type of processing that people use. *Journal of Consumer Research*, **34**, 174-186.

三嶋博之（1994）．"またぎ" と "くぐり" のアフォーダンス知覚. 心理学研究, **64**, 469-475.

Miyazaki, M., & Hiraki, K. (2007). Video self-recognition in 2-year-olds: detection of spatiotemporal contingency. In S. Watanabe, T. Tsujii, & J. P. Keenan (Eds.). *Comparative social cognition*, Keio University Press, 209-223.

永井聖剛・山田陽平（2013）クリエイティブになりたい？ならば腕を大きく回そう—身体運動と拡散的創造性との関係—. 日本認知心理学会第 11 回大会論文集, 27.

Nettle, D. (2006). Schizotypy and mental health amongst poets, visual artists, and mathematicians. *Journal of Research in Personality*, **40**, 876-890.

西村友・鈴木宏昭（2006）．洞察問題解決の制約緩和における潜在的情報処理. 認知科学, **13**, 136-138.

Ohlsson, S. (1992). *Information processing explanations of insight and related phenomena*. In M. T. Keane, K. J. Gilhooly (Eds.). "Advances in the psychology of thinking". Harvester Wheatsheaf. 1-44.

Okada, O., & Simon, H. A. (1997). Collaborative discovery in a scientific domain. *Cognitive Science*, **21**, 109-146.

織田涼・服部雅史・西田勇樹（2018）．洞察問題としての日本語版 Remote Associates Task の作成. 心理学研究, **89**, 376-386.

Piaget, J. (1962). "The Language and Thought of the Child". Routledge & Kegan Paul.

Putnum, H. W. (1982). "Reason, Truth, and History". Cambridge University Press.

Rawlings, D., & Locarnini, A. (2008). Dimensional schizotypy, autism, and unusual word associations in artists and scientists. *Journal of Reseach in Personality*, **42**, 465-472.

Reeves, B., & Nass, C. I. (1996). "The media equation: How people treat computers, television, and new media like real people and places", Center for the Study of Language and Information, Cambridge University Press.

佐々木正人・渡辺章（1983）．「空書」行動の出現と機能—表象の運動感覚的な成分について—. 教育心理学研究, **31**, 273-282.

Schooler, J. W., Ohlsson, S., & Brooks, K. (1993). Thoughts beyond words: When language overshadows insight. *Journal of Experimental Psychology: General*, **122**, 166-183.

Seifert, M. C., & Patalano, A. (2001). Opportunism in memory: Preparing for chance encounters. *Current Directions in Psychological Science*, **10**, 198-201.

Silverman, A. M. (2015). The perils of playing blind: problems with blindness simulation and a better way to teach about blindness. *Journal of Blindness Innovation and Research*, **5**(2).

Slepian M. L., & Ambady N. (2012) Fluid movement and creativity. *Journal of Experimental Psychology: General*, **141**, 625-629.

Strack, F., Martin, L. L., & Stepper, S. (1988). Inhibiting and facilitating conditions of the human smile: A nonobtrusive test of the facial feedback hypothesis. *Journal of Personality and Social Psychology*, **54**, 768-777.

Suwa, M., Purcell, T., & Gero, J. (1998). Macroscopic analysis of design processes based on a scheme for coding designers' cognitive actions. *Design Studies*, **19**, 455-483.

諏訪正樹 (2018). 『身体が生み出すクリエイティブ (ちくま新書)』筑摩書房.

Suzuki, H., Miyazaki, M., & Hiraki, K. (1999). Goal constraints in insight problem-solving. *Proceedings of the Second International Conference on Cognitive Science*, 159-164.

Suzuki, H., Abe, K., Hiraki, K., & Miyazaki, M. (2001). Cue-readiness in insight problem-solving. *Proceedings of the 23rd Annual Meeting of the Cognitive Science Society*, 1012-1017.

鈴木宏昭・宮崎美智子・開一夫 (2003). 制約論から見た洞察問題解決における個人差. 心理学研究, **74**, 336-345.

鈴木宏昭 (2009). 閾下情報提示を用いた洞察における潜在的情報処理過程の解明. 平成18〜19年度科学研究費補助金基盤研究 (C) 研究成果報告書.

鈴木宏昭・福田玄明 (2013). 洞察問題解決の無意識的性質—連続フラッシュ抑制による閾下プライミングを用いた検討—. 認知科学, **20**, 353-367.

田村昌彦・三輪和久 (2013). 眼球運動が洞察問題解決における固着形成・解消に与える影響の検討. 心理学研究, **84**, 103-111.

寺井仁・三輪和久・古賀一男 (2005). 仮設空間とデータ空間の探索から見た洞察問題解決過程. 認知科学, **12**, 74-88.

寺井仁・三輪和久・浅見和亮 (2013). 日本語版 Remote Associates Test の作成と評価. 心理学研究, **84**, 419-428.

Thomas, L. E., & Lleras, A. (2007) Moving eyes and moving thought: The spatial compatibility between eye movements and cognition. *Psychonomic Bulletin & Review*, **14**, 663-668.

Torrance, E. P. (1974). "The Torrance Tests of Creative Thinking: Norms-Technical Manual". Princeton: Personal Press.

Tsuchiya, N., & Koch, C. (2005). Continuous flash suppression reduces negative afterimages. *Nature Neuroscience*, **8**, 1096-1101.

梅室博行・圓川隆夫（1996）．計算機を用いたデータ入力作業導入時の技能習得課程における高齢者のタスク認知とパフォーマンスの関係．日本経営工学会誌，**47**，32-40.

Vallacher, R. R., & Wegner, D. M. (1987). What do people think they're doing? Action identification and human behavior. *Psychological Review*, **94**. 3-15.

Vohs, K.D., Redden, J. P., & Rahniel, R. (2013). Physical order produces healthy choices, generosity, and conventionality, whereas disorder produces creativity. *Psychological Science*, **24**, 1860-1866.

Wagner U., Gais S., Haider H., Verleger R., & Born J. (2004). Sleep inspires insight. *Nature*, **427**, 352-355.

和嶋雄一郎・阿部慶賀・中川正宣（2008）．制約論を用いた洞察問題解決過程のカオスニューラルネットワークモデルの構築．認知科学，**15**，644-659

Ward, A. F., Duke, K., Gneezy, A., & Bos, M. W. (2017). Brain drain: The mere presence of one's own smartphone reduces available cognitive capacity. *Journal of the Association for Consumer Research*, **2**, 140-154.

Ward, T. B. (1991). Structured imagination: The role of conceptual structure in exemplar generation. *Paper presented at the meeting of the Psychonomic Society.*

Warren, W. (1984). Perceiving affordances: Visual guidance of stair climbing. *Journal of Experimental Psychology: Human Perception & Performance*, **10**, 683-703.

Warren, W., & Whang, S. (1987). Visual guidance of walking through apertures: Body-scaled information for affordances. *Journal of Experimental Psychology: Human Perception & Performance*, **13**, 371-383.

Weisberg, R. W., & Alba, J. W. (1981). An examination of the alleged role of "fixation" in the solution of several "insight" problems. *Journal of Experimental Psychology: General*, **110**, 169-192.

Weizenbaum, J. (1966). ELIZA - A computer program for the study of natural language communication between man and machine, *Communications of the Association for Computing Machinery*, **9**, 36-45.

Wells, G. L., & Petty, R. E. (1980). The effects of over head movements on persuasion: Compatibility and incompatibility of responses. *Basic and Applied Social Psychology*, **1**, 219-230.

Wexler, M., Kosslyn, S. M., & Berthoz, A. (1998). Motor processes in mental rotation. *Cognition*, **68**, 77-94.

Wickelgren, W. A. (1974). "How to Solve Problems". W. H. Freeman and Company.

Williams, L. E., & Bargh J. A. (2008). Experiecing psysical warmth promotes interpersonal warmth. *Science*, **322**, 606-607.

Won, A. S., Bailenson, J. N., & Lanier, J. (2015). Homuncular flexibility: The human ability to inhabit nonhuman avatars. *Emerging Trends in the Social and Behavioral Sciences: An Interdisciplinary, Searchable, and Linkable Resource*, 1-16.

山田歩・鈴木宏昭・福田玄明（2011）．潜在的な目標が課題達成に与える影響．日本心理学会第75回大会発表論文集，956．

山崎治・三輪和久（2001）．外化による問題解決過程の変容．認知科学，**8**，103-116.

Yee, N., & Bailenson, J. N. (2006). Walk a mile in digital shoes: The impact of embodied perspective-taking on the reduction of negative stereotyping in immersive virtual environments. *Proceedings of Presence 2006: The 9th Annual International Workshop on Presence*, 24-26.

Yokochi, S., & Okada, T. (2005). Creative cognitive process of art making: a field study of a traditional chinese ink painter. *Creativity Research Journal*, **17**, 241-255.

横澤一彦（2017）．『つじつまを合わせたがる脳』岩波書店．

Zajonc, R. B. (1968). Attitudinal effects of mere exposure. *Journal of Personality and Social Psychology*, **9**, 1-27.

索　引

【欧文・略号】

100 円問題　　76
9 点問題　　8

BIF　　66

CFS　　52

EFT　　115
ELIZA　　95

failure index　　16, 53
FOW　　27, 57

GCT　　115

Learning by Teaching　　81

Make15 ゲーム　　74

RAT　　63, 65

SPT　　115

TTCT　　6
T パズル　　21, 38, 51, 81, 90, 91

Unconscious Thought Theory　　46
UUT　　6

VR　　137

【ア　行】

あたため　　10, 12, 46, 49
アニミズム　　2
アバター　　137
アハ体験　　8, 10, 27, 41
アハピクチャ　　115
アフォーダンス　　102
閾下提示　　50
意識的処理　　45, 47
一次視覚野　　43
陰謀論　　95
エイリアン・ハンド・シンドローム　　132
遠隔連想課題　　63

【カ　行】

外化　　61, 71, 77, 78, 84, 85, 89
外的資源　　61, 99, 101
顔文字　　94
隠し絵テスト　　115
確証バイアス　　96
活性拡散アプローチ　　11
金縛り　　3
眼球運動　　41, 43, 57, 118
観察・面接法　　6
機会論的アプローチ　　16
共感覚　　4

157

協同　85, 89, 98
協同問題解決　86
共有脆弱性モデル　34
緊張性振動反射　140
空書　109
ゲシュタルト完成課題　115
言語化　78, 81
顕在処理　146
幻肢　131
幻聴　135

【サ　行】

作業環境　62
サブボーカルスピーチ　136
サブリミナル効果　50
三目並べ　7
ジェスチャー・スピーチ・ミス
　マッチ　44, 120
刺激の随伴性　133, 135
質問紙法　6
事物全体制約　18
社会的促進　69
社会的比較理論　91
囚人のジレンマゲーム　68
状態空間　7
触覚プライミング　107
シルエット錯視　112
事例生成パラダイム　6
身体　101, 123
身体完全同一性障害　131
身体図式　128
心的回転　111, 112
心的処理　99, 106
神秘的アプローチ　2, 3, 137
心霊現象　4
水槽の中の脳　143

睡眠　36
スロットマシン課題　41, 118
制約　17, 18, 21
制約強度　20
制約論的アプローチ　17, 147
潜在処理　53, 146
潜在抑制　33
前頭前野　60
騒音　65
創造性　1, 10, 37
創造性研究　1, 10, 146
創造的思考　38, 115, 119,
　146
創造的問題解決　7, 19, 25,
　26, 29, 50, 55, 91, 115

【タ　行】

他者　85, 89
他人の手症候群　132
単純接触効果　50
チェッカーボード問題　12
超常現象　3
伝記的アプローチ　2
統合失調型パーソナリティ障害
　33, 57
統合失調症　135
統合的認知　60
洞察問題　28
動的緩和理論　21, 22, 25, 34,
　38

【ナ　行】

内言　136
認知的脱抑制　33, 137

【ハ　行】

バーチャルリアリティー　　137
バイオロジカルモーション
　94
パレイドリア　　93
汎心性　　2
人の顔　　4, 93
ピノキオ錯覚　　141
標準的問題解決アプローチ
　26
ひらめき　　1, 8, 10, 14, 16,
　31, 58
ひらめきの過程　　45
ひらめきの前兆　　38
ブレインマシンインタフェース
　130, 132
偏見　　56
ペンテクニック法　　114
妨害課題　　48
ポジティブな気分　　35
ボタンホールパズル　　105
ボディ・スキーマ　　126, 128

【マ　行】

マッスルメモリー　　125, 140

マッチ棒代数問題　　20
魔方陣　　75
身振り手振り　　44, 120
無意識的処理　　45, 46, 50
明晰夢　　60
メディアの等式　　97
盲視　　42, 43
目標状態　　7
目標伝染　　68
問題空間　　7
問題空間アプローチ　　12

【ヤ　行】

夢　　58

【ラ　行】

ラバーハンド錯覚　　129, 132
レム睡眠行動障害　　4
連続フラッシュ抑制　　52
ろうそく問題　　22
ろくろ首錯覚　　140
ロボットアーム　　134

memo

memo

memo

著 者
阿部慶賀（あべ けいが）

2006年　東京工業大学大学院 社会理工学研究科 人間行動システム専攻
　　　　博士課程修了
現　在　和光大学 現代人間学部心理教育学科 准教授，博士（学術）
専門分野　認知科学
主要著書　『メタファー研究の最前線』（楠見孝 編，ひつじ書房，2007）第17章
　　　　　比喩理解と比喩生成のニューラルネットワークモデル

越境する認知科学 2 **創造性はどこからくるか** ―潜在処理，外的資源，身体性から考える― Where does our creativity come from? ― Thinking from implicit process, external resources and embodied cognition 2019年11月30日　初版1刷発行 2023年 9月15日　初版4刷発行	著　者　阿部慶賀　Ⓒ 2019 発行者　南條光章 発行所　**共立出版株式会社** 　　　　郵便番号　112-0006 　　　　東京都文京区小日向4-6-19 　　　　電話　03-3947-2511（代表） 　　　　振替口座　00110-2-57035 　　　　www.kyoritsu-pub.co.jp 印　刷　大日本法令印刷 製　本　ブロケード
検印廃止 NDC 007.1, 141.5 ISBN 978-4-320-09462-8	一般社団法人 　自然科学書協会 　会員 Printed in Japan

---

JCOPY　〈出版者著作権管理機構委託出版物〉
本書の無断複製は著作権法上での例外を除き禁じられています．複製される場合は，そのつど事前に，出版者著作権管理機構（TEL：03-5244-5088，FAX：03-5244-5089，e-mail：info@jcopy.or.jp）の許諾を得てください．

越境する認知科学 全13巻

日本認知科学会[編]・鈴木宏昭[編集代表]・植田一博・岡田浩之・岡部大介・小野哲雄・高木光太郎・田中章浩[編集委員]

シリーズについて

これまでの研究領域や研究方法を**越境**して拡大・深化し続けている**認知科学**。野心的、かつ緻密な論理に貫かれた研究によって、ここに**知性の姿**が明らかになる。

[各巻]四六版・上製本・税込価格

① **脳のなかの自己と他者** 身体性・社会性の認知脳科学と哲学
嶋田総太郎著·····302頁・定価3740円

② **創造性はどこからくるか** 潜在処理、外的資源、身体性から考える
阿部慶賀著·····174頁・定価2860円

③ **信号、記号、そして言語へ** コミュニケーションが紡ぐ意味の体系
佐治伸郎著·····312頁・定価3740円

④ **大人につきあう子どもたち** 子育てへの文化歴史的アプローチ
伊藤 崇著·····228頁・定価3520円

⑤ **心を知るための人工知能** 認知科学としての記号創発ロボティクス
谷口忠大著·····290頁・定価3740円

⑥ **創造するエキスパートたち** アーティストと創作ビジョン
横地早和子著·····224頁・定価3740円

⑦ **よい判断・意思決定とは何か** 合理性の本質を探る
本田秀仁著·····176頁・定価2860円

⑧ **ファンカルチャーのデザイン** 彼女らはいかに学び、創り、「推す」のか
岡部大介著·····224頁・定価3080円

⑨ **顔を聞き、声を見る** 私たちの多感覚コミュニケーション
田中章浩著·····268頁・定価3520円

⑩ **なぜ壁のシミが顔に見えるのか** パレイドリアとアニマシーの認知心理学
高橋康介著·····264頁・定価3080円

続刊テーマ

人間らしさを超える社会
HAIの未来：人工他者性による人間社会の拡張·····大澤博隆著
協同が上手く働くとき·····清河幸子著
コラボレーションを科学する·····林 勇吾著

共立出版 ※定価、続刊の書名、著者名は予告なく変更される場合がございます